DEN KOMPLETTA SKALLDJURS KOKBOKEN

Från hav till tallrik: ett omfattande skaldjursäventyr

Charlotte Bengtsson

INNEHÅLLSFÖRTECKNING _

INTRODUKTION

Välkommen till "Den Kompletta Skalldjurs Kokboken", din omfattande guide till ett skaldjursäventyr som tar dig från havet till tallriken. Den här kokboken är en hyllning till skaldjurens mångfaldiga och ljuvliga värld, och inbjuder dig att utforska havens överflöd och skapa kulinariska mästerverk som visar upp de rika smakerna av dessa undervattensskatter. Följ med oss på en resa som går bortom det välbekanta, så att du kan njuta av havets läckerheter på en mängd spännande och läckra sätt.

Föreställ dig ett bord prytt med fat med saftiga ostron, perfekt grillade räkor och dekadenta hummerrätter – allt skickligt tillagat för att lyfta fram de unika egenskaperna hos varje skaldjurssort. " Den Kompletta Skalldjurs Kokboken " är mer än bara en samling recept; det är en utforskning av de tekniker, smaker och kulinariska möjligheter som skaldjur erbjuder. Oavsett om du är en fisk- och skaldjursentusiast eller vill utöka dina kulinariska horisonter, är dessa recept framtagna för att inspirera dig att skapa minnesvärda och aptitretande rätter med skatterna från havet.

Från klassiska förberedelser till innovativa vändningar på skaldjursfavoriter, varje recept är en hyllning till de saltiga, söta och salta smakerna som definierar dessa havsnöjen. Oavsett om du är värd för en skaldjursfest eller njuter av en lugn måltid hemma, är den här kokboken din bästa resurs för att bemästra konsten att tillaga skaldjur.

Följ med oss när vi dyker ner i havets djup, där varje skapelse är ett bevis på skaldjurens mångfaldiga och ljuvliga värld. Så, ta på dig ditt förkläde, omfamna havets friskhet och låt oss ge oss ut på en smakrik resa genom " Den Kompletta Skalldjurs Kokboken."

HUMMER

1.Hummer Benedict

INGREDIENSER:
- 1 hummersvans, kokad och tärnad
- 2 engelska muffins, delade och rostade
- 4 ägg
- ½ kopp hollandaisesås
- Salta och peppra efter smak
- Färsk gräslök till garnering

INSTRUKTIONER:
a) Vispa äggen i en liten skål och smaka av med salt och peppar.
b) Värm en non-stick stekpanna på medelvärme och smält lite smör. Häll de vispade äggen i stekpannan och rör tills de är kokta till önskad form.
c) Värm under tiden det tärnade hummerköttet i en separat panna.
d) För att montera, lägg en rostad engelsk muffinshalva på en tallrik, toppa den med äggröra, följt av det uppvärmda hummerköttet.
e) Ringla hollandaisesås över hummern och garnera med färsk gräslök.
f) Upprepa för de återstående engelska muffinshalvorna.
g) Servera omedelbart.

2.Hummeromelett

INGREDIENSER:

- 1 hummersvans, kokad och tärnad
- 4 ägg
- ¼ kopp tärnad paprika
- ¼ kopp tärnad lök
- ¼ kopp strimlad cheddarost
- Salta och peppra efter smak
- Färsk persilja till garnering

INSTRUKTIONER:

a) Vispa äggen i en skål och smaka av med salt och peppar.

b) Hetta upp en stekpanna på medelhög värme och tillsätt lite olja eller smör.

c) Fräs tärnad paprika och lök tills de blivit mjuka.

d) Häll de vispade äggen i stekpannan och rör runt så att de fördelas jämnt.

e) Koka tills kanterna börjar stelna, strö sedan den tärnade hummern och den rivna cheddarosten över hälften av omeletten.

f) Vik den andra halvan av omeletten över fyllningen.

g) Fortsätt tillaga tills äggen är helt stelna och osten har smält.

h) Lägg omeletten på ett fat och garnera med färsk persilja.

3.Hummer och avokadotoast

INGREDIENSER:
- 1 hummersvans, kokad och tärnad
- 2 skivor bröd, rostade
- 1 mogen avokado, skivad
- Saften av ½ citron
- Salta och peppra efter smak
- Rödpepparflingor (valfritt)
- Färsk koriander till garnering

INSTRUKTIONER:
a) Mosa avokadon med citronsaft, salt och peppar i en liten skål.
b) Fördela den mosade avokadon jämnt på de rostade brödskivorna.
c) Toppa varje skiva med det tärnade hummerköttet.
d) Strö över röda paprikaflingor om så önskas och garnera med färsk koriander.
e) Servera omedelbart.

4.Hummerfrukost Burrito

INGREDIENSER:

- 1 hummersvans, kokad och tärnad
- 4 stora ägg
- ¼ kopp tärnade tomater
- ¼ kopp tärnad lök
- ¼ kopp strimlad Monterey Jack ost
- Salta och peppra efter smak
- Mjöl tortillas
- Salsa och gräddfil till servering

INSTRUKTIONER:

a) Vispa äggen i en skål och smaka av med salt och peppar.

b) Hetta upp en stekpanna på medelhög värme och tillsätt lite olja eller smör.

c) Fräs de tärnade tomaterna och löken tills de mjuknat.

d) Häll de vispade äggen i stekpannan och rör tills de är genomstekta.

e) Tillsätt det tärnade hummerköttet och den strimlade Monterey Jack-osten i stekpannan, rör om tills osten smält.

f) Värm mjöltortillorna i en separat panna eller mikrovågsugn.

g) Skeda av hummer- och äggblandningen på varje tortilla, vik sedan in sidorna och rulla ihop hårt.

h) Servera frukostburritos med salsa och gräddfil vid sidan av.

5.Hummer och spenat Omelett

INGREDIENSER:

- 1 hummersvans, kokad och tärnad
- 6 stora ägg
- 1 dl färska spenatblad
- ¼ kopp tärnad lök
- ¼ kopp tärnad röd paprika
- ¼ kopp riven parmesanost
- Salta och peppra efter smak
- Färska basilikablad till garnering

INSTRUKTIONER:

a) Värm ugnen till 350°F (175°C).

b) Vispa äggen i en skål och smaka av med salt och peppar.

c) Värm en ugnssäker stekpanna på medelvärme och tillsätt lite olja eller smör.

d) Fräs tärnad lök och röd paprika tills de blir mjuka.

e) Tillsätt de färska spenatbladen i stekpannan och koka tills de vissnat.

f) Häll de vispade äggen i stekpannan, låt dem fylla utrymmet mellan grönsakerna.

g) Tillsätt det tärnade hummerköttet jämnt över hela omeletten.

h) Strö riven parmesanost över toppen.

i) För över stekpannan till den förvärmda ugnen och grädda i cirka 15-20 minuter eller tills omeletten stelnat och osten smält och lätt brynt.

j) Ta ut ur ugnen och låt den svalna något innan du skär upp den.

k) Garnera med färska basilikablad och servera varm.

6.Majs crepes och hummer stack

INGREDIENSER:
FÖR MAJSKREPPER:
- 1 kopp majskärnor (färska eller frysta)
- 1 kopp universalmjöl
- 1 dl mjölk
- 2 stora ägg
- 2 msk smält smör
- ½ tsk salt
- Matlagningsspray eller extra smör för att smörja pannan

FÖR HUMMERFYLLNING:
- 2 hummerstjärtar, kokta och köttet borttaget
- ¼ kopp majonnäs
- 1 msk citronsaft
- 1 msk hackad färsk gräslök
- Salta och peppra efter smak

FÖR MONTERING OCH GARNERING:
- Blandad grönsallad
- Citronklyftor
- Färsk gräslök eller persilja (för garnering)

INSTRUKTIONER:

a) I en mixer eller matberedare, kombinera majskärnor, mjöl, mjölk, ägg, smält smör och salt. Mixa tills du har en slät smet. Låt smeten vila i ca 10 minuter.

b) Värm en non-stick stekpanna eller crepepanna på medelvärme. Smörj pannan lätt med matlagningsspray eller smör.

c) Häll cirka ¼ kopp av majscrepesmeten i pannan och virvla runt den för att täcka botten jämnt. Koka i 1-2 minuter tills kanterna börjar lyfta och botten är lätt gyllene. Vänd crepe och koka i ytterligare 1-2 minuter.

d) Ta bort crepen från pannan och ställ den åt sidan. Upprepa processen med den återstående smeten, gör ytterligare crepes.

e) I en skål, kombinera det kokta hummerköttet, majonnäs, citronsaft, hackad gräslök, salt och peppar. Blanda väl tills hummerköttet är täckt med dressingen.

f) För att montera högen, lägg en majscrepe på en serveringsfat. Bred ut ett lager av hummerfyllningen jämnt över crepen.

g) Toppa med ytterligare en crepe och upprepa processen tills du har använt alla crepes och hummerfyllningen. Avsluta med en crepe på toppen.

h) Garnera högen med blandade salladsgrönsaker, citronklyftor och färsk gräslök eller persilja.

i) Skiva hummerbunten i klyftor och servera den som huvudrätt eller en elegant aptitretare.

7.Hummervåfflor

INGREDIENSER:
FÖR HUMMER:
- 2 hummerstjärtar
- 2 msk smör
- Salta och peppra efter smak

FÖR VÅFFELRNA:
- 2 koppar universalmjöl
- 2 tsk bakpulver
- ½ tsk salt
- 2 matskedar strösocker
- 2 stora ägg
- 1 ½ dl mjölk
- ⅓ kopp vegetabilisk olja
- Matlagningsspray eller extra smör för att smörja våffeljärnet

FÖR SERVERING:
- lönnsirap
- Färsk gräslök eller persilja, hackad (valfritt)

INSTRUKTIONER:

a) Värm ugnen till 375°F (190°C). Lägg hummerstjärtarna på en plåt och pensla dem med smält smör. Krydda med salt och peppar.

b) Grädda hummerstjärtarna i ca 12-15 minuter, eller tills köttet är ogenomskinligt och genomstekt. Ta ut dem från ugnen och låt dem svalna i några minuter.

c) När hummerstjärtarna är tillräckligt svala för att hantera, ta bort köttet från skalen och skär det i lagom stora bitar. Avsätta.

d) I en stor bunke, vispa ihop mjöl, bakpulver, salt och socker.

e) Vispa äggen i en separat skål. Tillsätt mjölk och vegetabilisk olja och vispa tills det är väl blandat.

f) Häll de blöta ingredienserna i skålen med de torra ingredienserna. Rör om tills det precis blandas. Var noga med att inte övermixa; några klumpar är bra.

g) Förvärm ditt våffeljärn enligt instruktionerna. Smörj järnet lätt med matlagningsspray eller smör.

h) Häll våffelsmeten på det förvärmda järnet, använd den rekommenderade mängden för ditt specifika våffeljärn. Stäng locket och koka våfflorna tills de är gyllenbruna och knapriga.

i) Ta bort de kokta våfflorna från järnet och håll dem varma i låg ugn medan du tillagar resterande våfflor.

j) För att montera, lägg en våffla på en tallrik och toppa den med en generös portion av det hackade hummerköttet. Ringla över lönnsirap och strö över färsk gräslök eller persilja om så önskas.

k) Servera hummervåfflorna direkt medan de är varma och njut av kombinationen av salta hummer och krispiga våfflor.

8.Hummer salladsfyllda ägg

INGREDIENSER:

- 6 hårdkokta ägg
- ½ pund kokt hummerkött, hackat
- ¼ kopp majonnäs
- 1 msk citronsaft
- 1 msk hackad färsk gräslök
- ¼ tesked dijonsenap
- Salta och peppra efter smak
- Paprika (för garnering)
- Färsk gräslök (för garnering)

INSTRUKTIONER:

a) Dela de hårdkokta äggen i halvor på längden. Ta försiktigt bort äggulorna och lägg dem i en skål.

b) Mosa äggulorna med en gaffel tills de är smuliga. Tillsätt det hackade hummerköttet, majonnäsen, citronsaften, hackad gräslök, dijonsenap, salt och peppar i skålen. Blanda väl tills alla ingredienser är kombinerade och blandningen är krämig.

c) Häll upp hummersalladsblandningen i de urhålade äggvitehalvorna, dela den jämnt mellan dem.

d) Strö lite paprika över varje fyllt ägg för en nyp av färg och tillsatt smak.

e) Garnera varje fyllt ägg med en liten kvist färsk gräslök.

f) Kyl de hummersalladsfyllda äggen i minst 30 minuter så att smakerna smälter samman.

g) Servera de fyllda äggen kylda som förrätt eller mellanmål. De kan arrangeras på ett fat eller individuella serveringsfat.

9.Hummer och krabba ravioli

INGREDIENSER:
FÖR PASTADEGEN:
- 2 koppar universalmjöl
- 3 stora ägg
- ½ tsk salt

FÖR FYLLNING:
- ½ pund kokt hummerkött, hackat
- ½ pund kokt krabbakött, hackat
- ½ kopp ricottaost
- ¼ kopp riven parmesanost
- ¼ kopp hackad färsk persilja
- 2 msk hackad schalottenlök
- 2 vitlöksklyftor, hackade
- 1 msk citronsaft
- ½ tsk salt
- ¼ tesked svartpeppar

FÖR SÅSEN:
- 4 matskedar osaltat smör
- 2 vitlöksklyftor, hackade
- 1 msk hackad färsk persilja
- 1 msk citronsaft
- Salta och peppra efter smak

INSTRUKTIONER:

a) Förbered pastadegen genom att skapa en brunn i mitten av mjölet på en ren arbetsyta. Knäck äggen i brunnen och tillsätt salt. Vispa äggen med en gaffel och blanda långsamt ner mjölet tills en deg bildas. Knåda degen i ca 5 minuter tills den är slät och elastisk. Slå in den i plastfolie och låt den vila i 30 minuter.

b) Kombinera hackat hummerkött, krabbakött, ricottaost, parmesanost, hackad persilja, schalottenlök, hackad vitlök, citronsaft, salt och svartpeppar i en mixerskål. Blanda väl tills alla ingredienser är jämnt kombinerade. Avsätta.

c) Dela pastadegen i fyra delar. Ta en portion och täck resten för att förhindra uttorkning. Kavla ut degen med en pastamaskin eller kavel tills den är tunn och slät. Skär degen i rektangulära ark, ca 3x5 tum.

d) Lägg en sked av hummer- och krabbafyllningen på mitten av varje pastaark. Pensla kanterna på arket med vatten och vik sedan över fyllningen för att skapa en rektangel. Tryck till kanterna ordentligt för att täta raviolin.

e) Koka upp en stor kastrull med saltat vatten. Släpp försiktigt ner raviolin i det kokande vattnet och koka i ca 3-4 minuter eller tills de flyter upp till ytan. Ta bort de kokta raviolin med en hålslev och lägg över dem på en tallrik.

f) Smält smöret på medelvärme i en stor stekpanna. Tillsätt hackad vitlök och koka tills det doftar, ca 1 minut. Rör ner hackad persilja och citronsaft. Krydda med salt och peppar efter smak.

g) Placera de kokta raviolin i stekpannan med såsen och släng dem försiktigt så att de blir jämnt. Koka ytterligare en minut så att smakerna smälter samman.

h) Servera hummer och krabba ravioli varma, garnerad med ytterligare parmesanost och färsk persilja, om så önskas.

10.Hummerfritter

INGREDIENSER:
- 1 kopp hackad hummer
- 2 ägg
- ½ kopp mjölk
- 1¼ kopp mjöl
- 2 tsk Bakpulver
- Salta och peppra efter smak

INSTRUKTIONER:

a) Värm djupt fett tills en kub bröd får färg på sextio sekunder. Medan fettet värms upp, vispa ägg tills det blir ljust.

b) Tillsätt mjölk och mjöl siktat med bakpulver, salt och peppar och vänd sedan ner hackad hummer.

c) Häll i en liten sked i fettet och stek tills den är gyllenbrun. Låt rinna av på brunt papper i varm ugn.

d) Servera med snabb citronsås.

11.Hummerfondue dip

INGREDIENSER:
- 2 msk smör eller margarin
- 2 koppar strimlad cheddarost
- ¼ tesked röd paprikasås
- ⅓ kopp torrt vitt vin
- 5 uns hummer skuren i små bitar

INSTRUKTIONER:
a) Smält smör i en kastrull på låg värme. Tillsätt gradvis och rör ner osten tills osten smält.

b) Tillsätt röd paprikasås; tillsätt långsamt vin, rör om tills blandningen är slät. Lägg till hummer; rör om tills det är uppvärmt.

12.Hummer Nachos

INGREDIENSER:

- 1 pund kokt hummerkött, hackat
- 1 msk smör
- 1 matsked mjöl
- 1 dl mjölk
- Salt och peppar
- Tortillachips
- 1 kopp strimlad Monterey Jack ost
- Hackad färsk persilja

INSTRUKTIONER

a) Värm ugnen till 350°F.

b) Smält smöret i en kastrull på medelvärme och vispa i mjölet. Koka i 1-2 minuter.

c) Vispa gradvis i mjölken tills den är slät. Krydda med salt och peppar.

d) Lägg tortillachips på en plåt och toppa med hackat hummerkött och riven ost.

e) Häll såsen över nachosen och grädda i ugnen i 8-10 minuter, eller tills osten smält och bubblig.

f) Garnera med hackad persilja.

13.Surfa och gräs på en pinne

INGREDIENSER:

- 1 pund hummer (förkokt och ångad)
- 1 pund bifffilé (rå)
- röd paprika (rå)
- lägereld pinne

INSTRUKTIONER:

a) Helt enkelt stek över elden som du skulle göra en marshmallow och njut av den färskaste saftigaste surf och turf någonsin!

14.Hummer Ceviche

INGREDIENSER:

- 2 hummerstjärtar
- 6 romska tomater
- ½ tärnad lila lök
- 1 jalapeno tärnad
- 1 hackad gurka
- 1 knippe hackad koriander
- 3 limefrukter juice
- 1 tsk salt
- 1 tsk vitlökssalt
- 1 tsk tajin kryddig krydda
- ½ av din hummerbuljong

INSTRUKTIONER:

a) Börja med att koka dina hummerstjärtar i kokande vatten i ca 6 minuter.

b) Sänk omedelbart ner i ett isbad. När de svalnat, hacka dem fint. Spara ½ kopp fond och lägg den i frysen för att kyla.

c) Börja tärna alla dina ingredienser och lägg till hackad hummer.

d) Pressa alla limefrukter på cevichen,

e) Tillsätt kryddor och hummerfond.

f) Kontrollera om det finns kryddor och anpassa efter din smak.

g) Servera över tostada skal, med chips eller kex.

h) Du kan toppa den med färsk avokado.

15.Hummerkorv

INGREDIENSER:

- 4 Fot små svintarmen
- 1½ pund sikfilé i tärningar
- ½ tsk Malet senapsfrö
- ½ tsk Malen koriander
- 1 tsk paprika
- 1 tsk citronsaft
- ½ tsk vitpeppar
- 1 ägg, vispat
- ½ pund Grovhackat hummerkött

INSTRUKTIONER:

a) Förbered höljen. Pulsera fisken i en matberedare bara tills den är trasig, 3-4 gånger. Tillsätt senap, koriander, paprika, citronsaft, peppar och ägg.

b) Bearbeta tills det är blandat. Lägg blandningen i en mixerskål och tillsätt hummerköttet; blanda väl.

c) Fyll på höljen och vrid av till 3-4" länkar.

16.Hummersvans med grillad tropisk frukt

INGREDIENSER:

- 4 st bambu- eller metallspett
- ¾ gyllene ananas, skalad, urkärnad och skuren i 1-tums klyftor
- 2 bananer, skalade och skurna på tvären i åtta 1-tums bitar
- 1 mango, skalad, urkärnad och skuren i 1-tums kuber
- 4 rock hummer eller stora Maine hummer svansar
- ¾ kopp söt sojaglasyr
- kopp smör, smält
- 4 limeklyftor

INSTRUKTIONER:

a) Om du grillar med bambuspett, blötlägg dem i vatten i minst 30 minuter. Tänd en grill för direkt måttlig värme, cirka 350¼F.

b) Bryt omväxlande bitarna av ananas, banan och mango på spetten, använd cirka 2 bitar av varje frukt per spett.

c) Fjärila hummersvansarna genom att dela varje svans på längden genom det rundade övre skalet och köttet, lämna det platta bottenskalet intakt. Om skalet är väldigt hårt, använd en köksax för att skära igenom det rundade skalet och en kniv för att skära igenom köttet.

d) Öppna försiktigt svansen för att exponera köttet.

e) Pensla sojaglasyren lätt över fruktspetten och hummerköttet. Pensla grillgallret och täck det med olja. Lägg hummerstjärtarna, med köttsidan nedåt, direkt över värmen och grilla tills de är fint grillmärkta, 3 till 4 minuter. Tryck ut svansarna på grillgallret med en spatel eller tång för att hjälpa till att bränna köttet. Vänd och grilla tills köttet precis är fast och vitt, tråckla med sojaglasyren, 5 till 7 minuter till.

f) Grilla under tiden fruktspetten tillsammans med hummern tills de är fint grillmärkta, ca 3 till 4 minuter per sida.

g) Servera med det smälta smöret och limeklyftorna till pressning.

17.Hummer pot pie

INGREDIENSER:

- 6 matskedar smör
- 1 kopp hackad lök
- ½ kopp hackad selleri
- Salt; att smaka
- Nymalen vitpeppar; att smaka
- 6 matskedar Mjöl
- 3 dl skaldjur eller kycklingfond
- 1 kopp mjölk
- 2 koppar Tärnad potatis; blancherad
- 1 kopp tärnade morötter; blancherad
- 1 kopp söta ärtor
- 1 kopp Tärnad bakad skinka
- 1 pund hummerkött; kokt, tärnad
- ½ kopp vatten
- ½ Recept pajskal, utrullad till formens storlek

INSTRUKTIONER:

a) Värm ugnen till 375 grader. Smörj en rektangulär ugnsform i glas. Smält smöret i en stor sautépanna. Tillsätt lök och selleri och fräs i 2 minuter. Krydda med salt och peppar.

b) Rör ner mjölet och koka i cirka 3 till 4 minuter för en blond roux. Rör ner fonden och låt vätskan koka upp.

c) Låt sjuda och fortsätt koka i 8 till 10 minuter, eller tills såsen börjar tjockna.

d) Rör ner mjölken och fortsätt koka i 4 minuter. Krydda med salt och peppar. Ta bort från värmen. Rör ner potatis, morötter, ärtor, skinka och hummer.

e) Krydda med salt och peppar. Blanda fyllningen ordentligt. Om fyllningen är för tjock, tillsätt lite vatten för att tunna ut fyllningen. Häll fyllningen i den förberedda pannan. Lägg skorpan ovanpå fyllningen.

f) Stoppa försiktigt in den överlappande skorpan i pannan och bilda en tjock kant. Krympa kanterna på formen och lägg på en plåt. Använd en vass kniv och gör flera skåror i toppen av skorpan.

g) Sätt in formen i ugnen och grädda i cirka 25 till 30 minuter eller tills skorpan är gyllenbrun och krispig.

h) Ta ut ur ugnen och svalna i 5 minuter innan servering.

18.Hummerrulle

INGREDIENSER:

- 4 uns kokt och tärnad hummerkött
- 1 bulle helvete varmkorvbulle
- ¼ kopp tärnad selleri
- ¼ kopp tärnad rödlök
- 1 msk majonnäs
- 1 msk citronsaft
- nyknäckt svartpeppar och salt

INSTRUKTIONER:

a) I en mixerskål, kombinera det kokta och tärnade hummerköttet, tärnad selleri och tärnad rödlök. Blanda väl så att ingredienserna fördelas jämnt.

b) I en separat liten skål, vispa samman majonnäs, citronsaft, nyknäckt svartpeppar och salt. Det här blir dressingen till hummerrullen.

c) Häll dressingen över hummerblandningen och rör försiktigt tills alla ingredienser är täckta med dressingen. Justera kryddningen efter dina smakpreferenser.

d) Förvärm en stekpanna eller stekpanna på medelvärme. Smörj lätt utsidan av helvete varmkorvbullen.

e) Lägg den smörade bullen i stekpannan och rosta den tills den blir gyllenbrun och lite knaprig på utsidan. Detta kommer att ge hummerrullen en läcker konsistens.

f) När bullen är rostad, ta bort den från stekpannan och öppna den som en korvbulle, skapa en ficka för hummerfyllningen.

g) Häll den förberedda hummerblandningen i bullen, fyll den generöst. Du kan också lägga till ett salladsblad eller något annat önskat pålägg, som skivade tomater eller avokado.

h) Servera hummerrullen omedelbart och njut av denna läckra skaldjursgodis.

19.Grillad ost med krabba och hummer

INGREDIENSER:

- ½ kopp kokt hummerkött
- ½ kopp kokt krabbkött
- 2 msk saltat smör, smält
- 1 tsk Old Bay krydda
- ½ tesked finhackad vitlök
- 4 skivor Texas toast vitlöksbröd
- 4 tjocka skivor skarp cheddarost
- 4 tjocka skivor Havarti ost

INSTRUKTIONER:

a) I en stor blandningsskål, släng hummer, krabba, smält smör, Old Bay Seasoning och vitlök. Blanda väl och ställ sedan skålen åt sidan.

b) Lägg två skivor Texas toast på en tallrik och toppa var och en med en skiva cheddar och Havarti. Dela skaldjursblandningen på mitten och lägg hälften till varje skiva rostat bröd. Toppa skaldjuren med resterande ost och brödskivor.

c) Använd en smörgåspress eller varm stekpanna för att grilla varje sida av smörgåsen tills den är gyllenbrun och osten smält. Servera och njut!

20.Hummer Newburg

INGREDIENSER:
- 1 lb hummerkött, kokt och hackat
- 4 matskedar osaltat smör
- 4 matskedar universalmjöl
- 1 dl mjölk
- ½ kopp tung grädde
- ¼ kopp torr sherry
- ½ tsk salt
- ¼ tesked cayennepeppar
- 4 äggulor, vispade
- ¼ kopp hackad persilja

INSTRUKTIONER:
a) Smält smöret i en stor kastrull på medelvärme.
b) Vispa i mjölet och koka i 1-2 minuter under konstant omrörning.
c) Vispa gradvis i mjölken och grädden under konstant omrörning tills blandningen är slät.
d) Tillsätt sherry, salt och cayennepeppar och rör om.
e) Vispa gradvis i de vispade äggulorna under konstant omrörning.
f) Koka blandningen på låg värme i 3-4 minuter, eller tills den tjocknat.
g) Rör ner hackad hummer och persilja.
h) Servera varm över rostat bröd.

21.Gurkmeja Hummer Thermidor i sås

INGREDIENSER:
- 3 matskedar osaltade cashewnötter, blötlagda i 10 minuter
- 2 msk blancherad mandel
- 1 tsk ingefära-vitlökspasta
- Serrano grön chili, kärnade och malda
- 1 dl yoghurt, vispad
- 1½ pund kokt hummerkött
- 2 tsk vita sesamfrön
- 3 msk klarnat smör
- ½ tsk rött chilipulver
- 2 msk vita vallmofrön, blötlagda i vatten
- ¼ tesked gurkmejapulver
- 1 kanelstång
- 1 svart kardemummakapsel, blåslagen
- Bordssalt, efter smak
- 1 tsk varm kryddblandning
- 1 lagerblad
- kryddnejlika
- 1 grön kardemummaskida, blåslagen

INSTRUKTIONER:
a) Mixa cashewnötter, vallmofrön, mandel och sesamfrön i en mixer med precis tillräckligt med vatten för att göra en tjock pasta. Lägg åt sidan.
b) Hetta upp smöret i en stekpanna.
c) Tillsätt kanelstången, svart kardemumma, lagerblad, kryddnejlika och grön kardemumma.
d) Tillsätt ingefära-vitlökspasta, grön chili och nötpasta när kryddorna börjar fräsa.
e) Tillsätt 1 matsked vatten för att stoppa fräsandet.
f) Tillsätt röd chilipulver, gurkmeja, yoghurt, hummer, salt och kryddblandning.
g) Tillsätt hummer och stek under konstant omrörning tills hummern är genomvärmd.

22.Wood Ugn Hummer svansar

INGREDIENSER:

- 2 hummerstjärtar _
- 3 msk smör, smält
- 1 tsk salt
- 1 tsk svartpeppar
- 1 tsk vitlökspulver
- 1 tsk paprika
- 1 tsk färsk persilja, hackad
- 1 tsk citronsaft

INSTRUKTIONER:

a) Klipp längs mitten av toppen av skalet, mot svansfenorna, med en ren sax eller kökssax, se till att klippa i en rak linje. Skär inte genom änden av svansen.

b) Separera köttet från de två sidorna av skalet med en sked, lyft sedan upp köttet och ur skalet.

c) Lägg köttet över skarven där de två skalen möts, tryck sedan ihop de två sidorna av skalet.

d) Skär en liten skåra i mitten av hummerköttet så att det tunna lagret av kött kan skala ner över kanterna. Så får hummerstjärten sitt särpräglade utseende.

e) Kombinera smör, salt, peppar, vitlökspulver, paprika, citronsaft och persilja i en liten skål och pensla sedan blandningen över hummerköttet jämnt.

a) Lägg hummerstjärtarna i en gjutjärnspanna och grädda i en vedugn i 12-15 minuter eller tills de är helt genomstekta men inte gummiaktiga.

23.Hummer kantonesiska

INGREDIENSER:
- 1 lb. Hummerstjärtar
- 1 vitlöksklyfta, finhackad
- 1 tsk Fermenterade svarta sojabönor, sköljda och avrunna
- 2 matskedar olja
- ¼ lb. Malet fläsk
- 1 ½ koppar varmt vatten
- 1 ½ msk sojasås
- 1 tsk MSG (valfritt)
- 2 msk majsstärkelse
- 2 msk torr sherry
- 1 ägg
- 2 matskedar vatten

ATT TJÄNA
- Koriander kvistar
- Grön lök lockar
- Varmkokt konjacris eller blomkålsris

INSTRUKTIONER:
a) För bästa resultat när du förbereder denna attraktiva kinesiska rätt, tillaga hummerbitarna så snabbt som möjligt. Det uppvispade ägget som läggs till såsen gör den rikare och krämigare.

b) Med en vass kniv, bänd bort hummerkött från skalet och skiva det i medaljonger. Finhacka vitlök och svarta sojabönor tillsammans. Hetta upp olja i en wok eller stekpanna och tillsätt vitlöksblandningen. Koka och rör om i några sekunder. Tillsätt fläsk och koka i cirka 10 minuter, rör om för att bryta upp köttet. Lägg till

c) varmt vatten, sojasås och MSG. Tillsätt hummermedaljonger och koka i 2 minuter. Blanda maizena och sherry och rör ner i sås. Vispa ägg med 3 msk vatten och blanda ner i såsen. Koka på låg värme i 30 sekunder under konstant omrörning. Såsen ska vara krämig men inte tung. Häll såsen i mitten av tallriken. Lägg medaljonger i sås i ett dekorativt mönster. Garnering

d) med koriander och salladslök. För varje servering, lägg några hummermedaljonger över Konjac-ris i en skål.

e) Skeda sås över hummer.

24.Citrussmörade hummerstjärtar

INGREDIENSER:

- 16 uns Hummersvansar , upptinade
- ½ kopp vatten
- ¼ kopp smör eller margarin
- 1 msk citronsaft
- ½ tesked Strimlat apelsinskal
- ⅛ tesked salt
- Dash Ground Ginger
- Dash paprika

INSTRUKTIONER:

a) Sprid ut svansarna i fjärilsstil så att köttet ligger på toppen. Återgå till en grund ugnsform. Häll vatten ovanpå. Mikrokoka, täckt, på 50 % effekt i 6 till 8 minuter eller bara tills köttet är ogenomskinligt, rotera skålen ett kvarts varv varje minut

b) Låt stå, täckt, i 5 minuter

c) Blanda under tiden smör eller margarin, citronsaft, apelsinskal, salt, ingefära och paprika. Mikrokoka, utan lock, på 100 % effekt i 1½ till 2 minuter eller tills smöret smält

d) Blanda väl. Ringla hummerstjärtar med smörblandning.

25.Svart litchi te rökt hummer

INGREDIENSER:

- 2 Maine hummer
- 2 koppar vitt ris
- 2 koppar brunt socker
- 2 koppar Svart litchi te
- 2 Mogen mango
- ½ kopp Jicama batonger
- ½ kopp Chiffonad av mynta
- ½ kopp Basilika chiffonad
- 1 kopp Mungböntrådar , blancherade
- Krabba fisksås
- 8 Ark av rispapper

INSTRUKTIONER:

a) Värm upp en djup hotellpanna tills den är väldigt varm.

b) Tillsätt ris, socker och te i den djupa pannan och lägg omedelbart hummern i den grunda perforerade pannan ovanpå.

c) Förslut snabbt med aluminiumfolie. När rökaren börjar röka, rök hummer i 10 minuter på låg värme eller tills den är genomstekt. Kyl hummer och skiva sedan svansarna i långa strimlor.

d) Kombinera jicama, mynta, basilika och böntråd och blanda med fisksås.

e) Blötlägg rispapper i varmt vatten och lägg lite av blandningarna på det uppmjukade pappret. Inlägg rökta hummerremsor och mangoskivor.

f) Rulla och låt stå i 10 minuter. Slå in rullarna individuellt tätt med plastfolie för att säkerställa att fukten behålls.

26.Curry hummer risotto

INGREDIENSER:

- 2 hummerstjärtar
- 1 ½ dl arborioris
- 4 dl skaldjur eller grönsaksbuljong
- 1 medelstor lök, finhackad
- 3 vitlöksklyftor, hackade
- 2 matskedar olivolja
- 1 msk currypulver
- 1 dl torrt vitt vin
- 1 dl riven parmesanost
- 2 msk smör
- Salta och peppra efter smak
- Färsk koriander eller persilja, hackad (för garnering)

INSTRUKTIONER:

a) Koka hummerstjärtarna i kokande saltat vatten tills skalen blir klarröda och köttet är genomstekt. Ta bort hummerköttet från skalen och skär det i lagom stora bitar. Avsätta.

b) Värm olivoljan på medelvärme i en stor kastrull. Tillsätt den hackade löken och hackad vitlök och fräs tills löken blir genomskinlig och aromatisk.

c) Rör ner currypulvret och koka ytterligare en minut för att släppa smaken.

d) Tillsätt arborioriset i kastrullen och rör om för att täcka kornen med lök, vitlök och curryblandningen.

e) Häll i det vita vinet och rör tills det absorberas av riset.

f) Börja tillsätta buljongen, en slev i taget, rör hela tiden och låt varje tillsats absorberas innan du tillsätter mer.

g) Fortsätt denna process tills riset är kokt al dente och har en krämig konsistens (detta brukar ta cirka 20-25 minuter).

h) Rör ner riven parmesanost och smör och smaka av med salt och peppar. Blanda väl tills osten och smöret har smält och införlivats i risotton.

i) Vänd försiktigt ner det kokta hummerköttet, se till att det är jämnt fördelat över risotton. Koka i ytterligare 2-3 minuter tills hummern är genomvärmd.

j) Ta av från värmen och låt risotton vila ett par minuter.

k) Servera curryhummerrisotton i skålar, garnerad med färsk koriander eller persilja.

27.Hummer Mac och ost

INGREDIENSER:

- 1 msk olivolja
- 3 hummerstjärtar, delade på mitten på längden och urvattnade
- 3 msk smör
- 2 matskedar mjöl
- 1 ½ koppar halv och halv
- ½ kopp mjölk
- ¼ teskedar paprika
- ¼ teskedar chilipulver
- Salt att smaka
- ¼ teskedar Worcestershiresås
- ½ kopp riven cheddarost
- 3 matskedar, riven Gruyereost
- 1 kopp beredda armbågsmakaroner
- ½ kopp Panko ströbröd
- ¼ kopp smält smör
- 5 msk riven parmesanost

INSTRUKTIONER

a) Värm ugnen till 400 grader.

b) Bestryk två gratängformar med non-stick spray

c) Hetta upp oljan i en stekpanna och bryn hummerstjärtarna i 2 minuter på medelvärme.

d) Låt hummerna svalna och separera köttet från skalen.

e) Hacka köttet och släng skalen.

f) Använd samma stekpanna för att smälta smöret.

g) Skapa en roux genom att röra i mjölet och fortsätt röra i 1 minut.

h) Häll i hälften och hälften och mjölk och fortsätt röra i 3 minuter.

i) Låt vätskan sjuda och tillsätt paprika, chilipulver, salt och worcestershiresås.

j) Låt puttra i 4 minuter.

k) Tillsätt cheddar- och Gruyereostarna och rör om i 5 minuter tills osten smält.

l) Tillsätt makaronerna i ostsåsen och rör försiktigt ner hummerbitarna.

m) Fyll båda gratängformarna med mac- och ostblandningen.

n) Kombinera Panko, smält smör och parmesanost i en skål.

o) Ringla blandningen över mac och ost.

p) Grädda mac och ost i 15 minuter.

28.Hummer och räkor Lasagne

INGREDIENSER:

- 9 lasagnenudlar
- 1 pund kokt hummerkött, hackat
- 1 pund kokta räkor, skalade och deveirade
- 2 msk smör
- ½ kopp hackad lök
- 2 vitlöksklyftor, hackade
- ¼ kopp universalmjöl
- 2 dl mjölk
- 1 dl skaldjursbuljong
- 1 dl riven mozzarellaost
- ½ kopp riven parmesanost
- ¼ kopp hackad färsk persilja
- Salta och peppra efter smak

INSTRUKTIONER:

a) Värm ugnen till 375 ° F (190 ° C) och smörj lätt en 9x13-tums ugnsform.

b) Koka lasagnenudlarna enligt anvisningarna på förpackningen. Häll av och ställ åt sidan.

c) Smält smöret på medelvärme i en stor stekpanna. Tillsätt hackad lök och hackad vitlök och fräs tills den mjuknat.

d) Strö mjölet över lök- och vitlöksblandningen och koka i 1-2 minuter under konstant omrörning. Vispa gradvis i mjölk- och skaldjursbuljongen. Fortsätt koka tills såsen tjocknar.

e) Rör ner den rivna mozzarellaosten och riven parmesanost tills den smält och slät.

f) Tillsätt det hackade hummerköttet, kokta räkor och hackad persilja till såsen. Krydda med salt och peppar efter smak. Rör om för att kombinera.

g) Bred ut ett tunt lager av skaldjurssåsen på botten av ugnsformen. Lägg tre lasagnenudlar ovanpå.

h) Bred ut ett lager av skaldjursblandningen över nudlarna. Upprepa lagren med tre lasagnenudlar och mer skaldjursblandning.

i) Toppa med de återstående tre lasagnenudlarna och häll resterande skaldjurssås över toppen.

j) Strö över ytterligare riven parmesanost på toppen.

k) Täck ugnsformen med folie och grädda i 25 minuter.

l) Ta bort folien och grädda i ytterligare 10 minuter tills osten är smält och bubblig.

m) Låt den svalna några minuter innan servering.

29.Hummernudelgryta

INGREDIENSER:

- 2 färska hummer
- 3 matskedar salt
- ½ tsk salt
- 3 matskedar smör
- 1 schalottenlök
- 1 msk tomatpuré
- 3 vitlöksklyftor
- ¼ c. brandy
- ½ c. tung grädde
- tesked nymalen svartpeppar
- ½ pund äggnudlar
- 1 msk färsk citronsaft
- 6 kvistar timjan

INSTRUKTIONER:

a) Koka hummerna:

b) Fyll en stor skål till hälften med is och vatten och ställ åt sidan. Koka upp en stor kastrull med vatten och 3 msk salt och kasta ner hummerna med huvudet först i vattnet med en långskaftad tång. Sänk värmen till låg och koka under lock i 4 minuter. Häll av hummerna och lägg dem i det förberedda isbadet för att svalna. Knäck skalen och ta bort svansen och klösköttet. Reservera skalen. Skär svansköttet i ½ tum tjocka medaljonger och klösköttet i stora bitar och ställ åt sidan.

c) Grädda kasslern:

d) Värm ugnen till 350°F. Belägg lätt fyra 1-kopps bakformar eller en 9-tums rund ugnsform med 1 matsked smör och ställ åt sidan. Smält resten av smöret i en medelstor stekpanna på medelvärme.

e) Tillsätt schalottenlöken och koka tills den är mjuk. Tillsätt de reserverade skalen, tomatpurén och vitlöken och koka under konstant omrörning i 5 minuter.

f) Flytta bort kastrullen från värmen och tillsätt konjak. Återgå till värmen och låt blandningen koka upp under konstant vispning. Sänk värmen till medel-låg, tillsätt 1 ½ dl vatten och låt sjuda tills det tjocknat något - cirka 15 minuter. Sila av blandningen och rör ner grädden, resterande salt och peppar.

g) Tillsätt äggnudlarna, hummerköttet och citronsaften och rör om. Fördela blandningen jämnt mellan de förberedda bakformarna, täck med folie och grädda tills hummern är genomstekt och nudlarna är varma - cirka 20 minuter.

h) Garnera med timjankvistar och servera genast.

30.Skaldjurspasta gryta

INGREDIENSER:

- ¼ kopp olivolja
- 1 pund färsk sparris, putsad och skuren i 1" bitar
- 1 kopp hackad salladslök
- 1 msk. finhackad vitlök
- 16 uns förp. linguinudlar, kokta & avrunna
- 1 pund medelstora räkor, kokta, skalade och deveirade
- 8 uns av krabbkött, kokt
- 8 uns färsk hummer, kokt
- 8 uns burk svarta oliver, avrunna

INSTRUKTIONER:

a) Värm ugnen till 350°. Spraya en 4-liters gryta med non-stick matlagningsspray. Tillsätt olivoljan i en stekpanna på medelvärme.

b) När oljan är varm, tillsätt sparris, salladslök och vitlök. Fräs i 5 minuter.

c) Ta av stekpannan från värmen och tillsätt grönsakerna och olivoljan i grytan.

d) Tillsätt linguinudlarna, krabban, hummern och de svarta oliverna till grytan.

e) Rör om tills det blandas. Grädda i 30 minuter eller tills grytan är varm.

f) Ta ut ur ugnen och servera.

31.Fluga pasta med hummer och kronärtskockor

INGREDIENSER:

- 8 uns fluga pasta
- 2 hummerstjärtar, kokta och köttet borttaget
- 1 dl kronärtskockshjärtan, avrunna och hackade
- 2 msk smör
- 2 vitlöksklyftor, hackade
- ½ dl kyckling- eller grönsaksbuljong
- ½ kopp tung grädde
- ¼ kopp riven parmesanost
- 1 msk färsk citronsaft
- Salta och peppra efter smak
- Färsk persilja, hackad (för garnering)

INSTRUKTIONER:

a) Koka flugapastan enligt anvisningarna på förpackningen tills den är al dente. Häll av och ställ åt sidan.

b) Smält smöret på medelvärme i en stor stekpanna. Tillsätt den hackade vitlöken och fräs i cirka en minut tills den doftar.

c) Tillsätt kronärtskockshjärtan i stekpannan och koka i 2-3 minuter, rör om då och då.

d) Tillsätt hummerköttet i stekpannan och koka i ytterligare 2 minuter, rör försiktigt för att kombinera med kronärtskockorna.

e) Häll i kyckling- eller grönsaksbuljongen och låt sjuda upp. Låt koka i några minuter tills buljongen minskar något.

f) Sänk värmen till låg och rör ner den tunga grädden, parmesanosten och citronsaften. Krydda med salt och peppar efter smak. Sjud försiktigt i 3-4 minuter, låt smakerna smälta samman.

g) Tillsätt den kokta bowtie-pastan i stekpannan och blanda ihop allt tills pastan är väl belagd med såsen.

h) Ta av från värmen och garnera med hackad persilja.

i) Servera fluga-pastan med hummer och kronärtskockor omedelbart, medan den fortfarande är varm. Du kan komplettera den med en sallad eller knaprigt bröd.

32.Skaldjursravioli i saffransbuljong

INGREDIENSER:

- ¾ pund hummerkött
- 4 ägg
- ¼ kopp kraftig grädde
- ½ kopp mjukt vitt brödsmulor
- ½ tsk salt
- ½ tesked Nymalen vitpeppar
- 2 msk Hackade färska dragonblad
- 1 förpackning Wonton-omslag
- 4 dl fiskbuljong
- ½ tsk saffranstrådar
- 1 liten till medelstor tomat, tärnad
- Hackade färska örter som dragon eller gräslök

INSTRUKTIONER:

a) Lägg hummerkött och 3 ägg i en matberedare.

b) Med ett metallblad pulsera tills skaldjuren är grovhackade. Skrapa sidorna.

c) Tillsätt grädde, ströbröd, salt och peppar och blanda ihop. Överbearbeta inte grädden för att den blir grynig – eller till och med förvandlas till smör.

d) Ta upp blandningen i en skål och tillsätt de hackade dragonbladen, blanda in dem med en spatel.

e) Lägg ut 1 wonton-skinn på en bräda. Använd en konditoripåse eller en tesked och placera cirka 1 tesked fyllning på mitten. I en liten skål kombinera det återstående ägget med 3 matskedar vatten. Pensla ett andra wontonskinn med äggsköljblandningen och lägg den över fyllningen, tryck lätt med fingrarna för att ta bort eventuell luft som har instängts och täta kanterna på wontonskinnarna.

f) Den okokta raviolin kan förvaras i en täckt behållare i upp till 2 dagar i kylen, eller i flera veckor i frysen. För att frysa, lägg raviolin i ett enda lager på en vaxad papersklädd plåt och placera i frysen tills den är fryst. De kan sedan tas ut och förvaras i en konditoripåse.

g) Koka upp fiskbuljongen i en kastrull, sänk värmen till en sjud och tillsätt saffran. Fortsätt att sjuda i 5 minuter medan du börjar koka raviolin.

h) För att laga mat, placera raviolin i kokande saltat vatten och fortsätt koka tills de börjar flyta (cirka 2 till 3 minuter för färska ravioli, 5 till 6 minuter för frysta).

i) Låt rinna av och dela mellan 4 skålar. Tillsätt ½ kopp fiskbuljong i varje skål, garnera sedan med lite tärnad tomat och några hackade färska örter, som dragon eller gräslök.

j) Servera varm.

33.Kinesisk hummergryta

INGREDIENSER:

- 2 levande hummer (cirka 1,5 pund vardera)
- 2 matskedar vegetabilisk olja
- 2 vitlöksklyftor, hackade
- 1-tums bit ingefära, skalad och riven
- 1 lök, tunt skivad
- 1 röd paprika, tunt skivad
- 1 grön paprika, tunt skivad
- 1 morot, tunt skivad
- 1 dl kycklingbuljong
- 2 msk sojasås
- 1 msk ostronsås
- 1 msk majsstärkelse, löst i 2 msk vatten
- 1 msk sesamolja
- Salta och peppra efter smak
- Hackad salladslök till garnering

INSTRUKTIONER:

a) Förbered humrarna genom att ställa dem i frysen i ca 20-30 minuter. Detta hjälper till att lugna dem före tillagning.

b) Fyll en stor gryta med vatten och låt koka upp. Tillsätt salt i det kokande vattnet.

c) Lägg försiktigt ner hummerna i det kokande vattnet och koka i ca 8-10 minuter, eller tills skalen blir klarröda.

d) Ta ut hummerna ur grytan och låt dem svalna något. När det svalnat tar du bort köttet från skalen och skär det i lagom stora bitar. Avsätta.

e) Värm vegetabilisk olja på medelvärme i en stor wok eller stekpanna.

f) Tillsätt hackad vitlök och riven ingefära i den heta oljan och fräs i cirka 1 minut tills det doftar.

g) Tillsätt skivad lök, röd och grön paprika och morot i woken. Fräs i 2-3 minuter tills grönsakerna mjuknat något.

h) I en liten skål, vispa ihop kycklingbuljongen, sojasåsen och ostronsåsen. Häll denna blandning i woken med grönsakerna.

i) Låt blandningen sjuda och låt koka i cirka 5 minuter så att smakerna smälter samman.

j) Rör ner den lösta majsstärkelseblandningen för att tjockna såsen.

k) Tillsätt det kokta hummerköttet i woken och rör försiktigt för att kombinera.

l) Koka i ytterligare 2-3 minuter tills hummern är genomvärmd.

m) Ringla sesamoljan över grytan och smaka av med salt och peppar.

n) Garnera med hackad salladslök.

o) Servera den kinesiska hummergrytan varm med ångat ris eller nudlar.

p) Njut av de läckra smakerna från denna smakrika och tröstande kinesiskinspirerade hummerrätt.

34.Hummer-Tomat Bisque

INGREDIENSER:

- 1 msk olivolja
- 4–6 vitlöksklyftor, fint hackade
- 1 stjälk selleri, finhackad
- 1 liten söt vit lök, finhackad
- 1 medelstor tomat, tärnad
- 1½–1¾ pund hummer
- 2 dl helmjölk
- 1 kopp tomatsås
- ½ kopp tung grädde
- ½ dl fiskfond
- 4 matskedar (½ pinne) osaltat smör
- 2 msk finhackad färsk persilja
- 1 tsk nymalen svartpeppar

INSTRUKTIONER:

a) Hetta upp oljan i en stor kastrull på medelhög värme. Tillsätt vitlök, selleri och lök och koka under omrörning i 8 till 10 minuter. Tillsätt tomaterna.

b) Lägg hummern på ryggen på en skärbräda. Gör ett snitt längs mitten av svansen nästan till spetsen, utan att skära igenom skalet; dela isär svansen.

c) Grilla hummern i 15 till 18 minuter, skalsidan nedåt, med locket stängt. Flytta tillbaka hummern från grillen till en skärbräda och ta bort köttet och tomalley. Kasta skalet och ställ åt sidan köttet.

d) Koka upp mjölk, tomatsås, grädde, fond och smör i kastrullen med grönsakerna. Sänk värmen till låg. Sjud i 10 minuter, rör om ofta.

e) Tillsätt hummerköttet och tomaljen samt persiljan och pepparn. Täck över och låt sjuda på lägsta möjliga värme i 4 till 5 minuter .

35.Knappa svamp och hummer

INGREDIENSER:
- 2 hummerstjärtar, kokta och köttet borttaget
- 8 uns knappsvamp, skivad
- 2 msk smör
- 2 vitlöksklyftor, hackade
- ¼ kopp torrt vitt vin
- ½ dl kyckling- eller grönsaksbuljong
- ½ kopp tung grädde
- 1 msk färsk citronsaft
- Salta och peppra efter smak
- Färsk persilja, hackad (för garnering)

INSTRUKTIONER:
a) Smält smöret på medelvärme i en stor stekpanna. Tillsätt den hackade vitlöken och fräs i cirka en minut tills den doftar.

b) Tillsätt de skivade knappsvamparna i stekpannan och koka i 4-5 minuter, rör om då och då, tills de är gyllenbruna och mjuka.

c) Häll i det vita vinet och avglasera pannan, skrapa bort eventuella brynta bitar från botten. Låt vinet koka en minut eller två för att reducera något.

d) Tillsätt kyckling- eller grönsaksbuljongen i stekpannan och låt koka upp. Koka i 2-3 minuter så att smakerna smälter samman.

e) Sänk värmen till låg och rör ner grädden och citronsaften. Krydda med salt och peppar efter smak. Sjud försiktigt i 3-4 minuter, låt såsen tjockna något.

f) Tillsätt det kokta hummerköttet i stekpannan och rör om försiktigt för att kombinera det med svampen och såsen. Låt den värmas igenom i en minut eller två.

g) Ta av från värmen och garnera med hackad persilja.

h) Servera knappsvampen och hummern direkt, medan den fortfarande är varm. Den här rätten passar bra med ångat ris, knaprigt bröd eller pasta.

36.Hummer och mango sallad

INGREDIENSER:

- 2 hummerstjärtar, kokta och köttet borttaget
- 1 mogen mango, tärnad
- ¼ kopp röd paprika, tärnad
- ¼ kopp gurka, tärnad
- 2 msk hackad färsk mynta
- Saften av 1 lime
- 1 msk honung
- Salta och peppra efter smak
- Smör salladsblad till servering

INSTRUKTIONER:

a) Hacka hummerköttet i lagom stora bitar.

b) I en skål, kombinera tärnad mango, röd paprika, gurka och hackad mynta.

c) Tillsätt det hackade hummerköttet i skålen.

d) I en separat liten skål, vispa ihop limejuice, honung, salt och peppar.

e) Häll dressingen över hummerblandningen och rör försiktigt till pälsen.

f) Servera hummer- och mangosalladen på smörsallatsblad.

g) Njut av de söta och syrliga smakerna från denna tropisk-inspirerade hummersallad.

37.Hummer Caesar sallad

INGREDIENSER:
- 2 hummerstjärtar, kokta och köttet borttaget
- 4 dl hackad romansallat
- ¼ kopp riven parmesanost
- ¼ kopp krutonger
- Caesardressing till servering

INSTRUKTIONER:
a) Hacka hummerköttet i lagom stora bitar.

b) I en stor skål, kombinera den hackade romansallaten, riven parmesanost och krutonger.

c) Tillsätt det hackade hummerköttet i skålen.

d) Ringla över Caesardressing eller servera dressingen vid sidan av.

e) Blanda ihop ingredienserna precis innan servering för att kombinera smakerna.

f) Njut av kombinationen av det rika hummerköttet med de klassiska smakerna av en Caesarsallad.

38.Chiffonad av hummer

INGREDIENSER:
- 2 hummerstjärtar, kokta och köttet borttaget
- Färska örter efter eget val (som basilika, dragon eller gräslök)
- Citronklyftor (för servering)

INSTRUKTIONER:
a) Ta det kokta hummerköttet och ta bort eventuella skal eller brosk. Se till att hummerköttet är tillagat och kylt.
b) Ta hummerköttet och skiva det försiktigt i tunna strimlor. Du kan använda en vass kniv eller kökssax för att uppnå detta.
c) Välj önskade färska örter, som basilika, dragon eller gräslök, som kompletterar smaken av hummer väl. Stapla bladen av örterna ovanpå varandra.
d) Rulla ihop de staplade örterna hårt till en cigarrform.
e) Skiva de rullade örterna i tunna strimlor med en vass kniv. Detta kommer att skapa en chiffonad av örter.
f) Kombinera hummerchiffonaden och örtchiffonaden i en skål, blanda dem försiktigt tillsammans.
g) Servera chiffonaden av hummer och örter som topping eller garnering till olika rätter. Den kan användas för att förbättra sallader, pastarätter eller skaldjursberedningar.
h) Pressa färsk citronsaft över hummerchiffonaden innan servering för att tillföra ljushet och förhöja smakerna.

39.Hummertabbouleh med basilika

INGREDIENSER:

- 2 hummerstjärtar
- 1 dl bulgurvete
- 2 dl kokande vatten
- 1 dl körsbärstomater, halverade
- 1 gurka, tärnad
- ½ rödlök, finhackad
- ½ kopp färska basilikablad, hackade
- ¼ kopp färsk persilja, hackad
- ¼ kopp färska myntablad, hackade
- Saften av 1 citron
- 3 matskedar extra virgin olivolja
- Salta och peppra efter smak

INSTRUKTIONER:

a) Koka hummerstjärtarna i kokande saltat vatten tills skalen blir klarröda och köttet är genomstekt. Ta bort hummerköttet från skalen och skär det i lagom stora bitar. Avsätta.

b) Lägg bulgurvetet i en stor skål och häll det kokande vattnet över det. Täck skålen med en ren kökshandduk och låt bulgurvetet dra i ca 20 minuter tills det blir mört.

c) Häll av allt överflödigt vatten från bulgurvetet och överför det till en serveringsskål.

d) Tillsätt körsbärstomater, tärnad gurka, finhackad rödlök, hackade basilikablad, hackad persilja och hackade myntablad i skålen med bulgurvetet.

e) I en liten skål, vispa ihop citronsaft, extra virgin olivolja, salt och peppar. Häll dressingen över tabboulehblandningen och blanda ihop allt tills det är väl blandat.

f) Vänd försiktigt ner det hackade hummerköttet, se till att det är jämnt fördelat över tabbouleh.

g) Låt tabbouleh sitta i cirka 10-15 minuter så att smakerna smälter samman.

h) Strax före servering, ge tabbouleh en sista kastning för att inkorporera eventuell dressing som kan ha lagt sig i botten av skålen.

i) Garnera hummertabbouleh med ytterligare färska basilikablad.

j) Servera hummertabbouleh som en uppfriskande huvudrätt eller ett härligt tillbehör. Det passar bra med grillad skaldjur eller kyckling.

RÄKA

40.Bouillabaisse biter

INGREDIENSER:
- 24 medium räkor, skalade och Deveined
- 24 medium Havsmusslor
- 2 dl tomatsås
- 1 burk hackade musslor (6-½ oz)
- 1 matsked Pernod
- 20 milliliter
- 1 lagerblad
- 1 tsk basilika
- ½ tsk salt
- ½ tsk Nymalen peppar
- Vitlök, hackad
- Saffran

INSTRUKTIONER:
a) Spett räkor och pilgrimsmusslor på 8-tums bambuspett, med 1 räka och 1 pilgrimsmussla per spett; vira svansen på räkorna runt pilgrimsmusslan.

b) Blanda tomatsås, musslor, Pernod, vitlök, lagerblad, basilika, salt, peppar och saffran tillsammans i en kastrull. Koka upp blandningen.

c) Lägg spettfisken i en grund ugnsform.

d) Ringla sås över spett. Grädda utan lock i 350 grader i 25 minuter.

41.Linguine och räkor Scampi

INGREDIENSER:

- 1 paket linguinepasta
- ¼ kopp smör
- 1 hackad röd paprika
- 5 hackade vitlöksklyftor
- 45 råa stora räkor skalade och urvattnade ½ dl torrt vitt vin ¼ dl kycklingbuljong
- 2 msk citronsaft
- ¼ kopp smör
- 1 tsk krossade rödpepparflingor
- ½ tsk saffran
- ¼ kopp hackad persilja
- Salt att smaka

INSTRUKTIONER:

a) Koka pastan enligt anvisningarna på förpackningen , vilket bör ta cirka 10 minuter.

b) Häll av vattnet och ställ åt sidan.

c) Smält smöret i en stor stekpanna.

d) Koka paprika och vitlök i en stekpanna i 5 minuter.

e) Tillsätt räkorna och fortsätt fräsa i ytterligare 5 minuter.

f) Ta upp räkorna på ett fat, men behåll vitlöken och paprikan i stekpannan.

g) Koka upp vitt vin, buljong och citronsaft.

h) Lägg tillbaka räkorna i stekpannan med ytterligare 14 koppar bättre.

i) Tillsätt röd paprikaflingor, saffran och persilja och smaka av med salt.

j) Låt sjuda i 5 minuter efter att du har blandat med pastan.

42.Räkor a la Plancha över Saffran Allioli Toasts

INGREDIENSER:

ALLIOLI

- 1 Stor nypa saffran
- 1 stor äggula
- 1 vitlöksklyfta, finhackad
- 1 tsk kosher salt
- 1 kopp extra virgin olivolja, gärna spansk
- 2 tsk citronsaft, plus mer om det behövs

RÄKA

- Fyra ½ tum tjocka skivor lantbröd
- 2 msk extra virgin olivolja av god kvalitet, gärna spansk
- 1½ pund jumbo
- 20-tals skalade räkor
- Kosher salt
- 2 citroner halverade
- 3 vitlöksklyftor, fint hackade
- 1 tsk nymalen svartpeppar
- 1 kopp torr sherry
- 2 msk grovhackad plattbladspersilja

INSTRUKTIONER:

a) Gör aioli: I en liten stekpanna på medelvärme, rosta saffran tills det är skört, 15 till 30 sekunder.

b) Vänd ut den på en liten tallrik och använd baksidan av en sked för att krossa den. Till en medelstor skål, tillsätt saffran, äggulor, vitlök och salt och vispa kraftigt tills det är väl kombinerat.

c) Börja tillsätta olivoljan några droppar i taget, vispa noggrant mellan tillsatserna, tills aioli börjar tjockna, ringla sedan ner den återstående oljan i blandningen i en mycket långsam och jämn ström, vispa aioli tills den är tjock och krämig.

d) Tillsätt citronsaften, smaka av och justera med mer citronsaft och salt efter behov. Överför till en liten skål, täck med plastfolie och kyl.

e) Gör toasterna: Justera ett ugnsgaller till det översta läget och broilern till högt. Lägg brödskivorna på en kantad bakplåt och pensla brödets båda sidor med 1 msk olja.

f) Rosta brödet tills det är gyllenbrunt, ca 45 sekunder. Vänd på brödet och rosta den andra sidan (bevaka broilern noga, eftersom broilerintensiteten varierar), i 30 till 45 sekunder längre. Ta ut brödet från ugnen och lägg varje skiva på en plåt.

g) Lägg räkorna i en stor skål. Använd en skalkniv för att göra en grund skåra längs den krökta baksidan av räkan, ta bort venen (om det finns en) och lämna skalet intakt. Värm en stor, tjockbottnad stekpanna över medelhög värme tills den nästan ryker, 1½ till 2 minuter.

h) Tillsätt resterande 1 matsked av oljan och räkorna. Strö en rejäl nypa salt och saften från en halv citron över räkorna och koka tills räkorna börjar rulla sig och kanterna på skalet får färg i 2 till 3 minuter.

i) Använd en tång för att vända på räkorna, strö över mer salt och saften från en annan citronhalva och koka tills räkorna är ljust rosa, ca 1 minut längre. Gör en brunn i mitten av pannan och rör ner vitlök och svartpeppar; när vitlöken doftar, efter cirka 30 sekunder, tillsätt sherry, låt sjuda och rör ner vitlök-sherryblandningen i räkorna.

j) Koka, rör om och skrapa ner de bruna bitarna från botten av pannan i såsen. Stäng av värmen och pressa i saften av ytterligare en citronhalva. Skär resten av citronhalvan i klyftor.

k) Bred toppen av varje brödskiva med en generös sked saffransaioli. Dela räkorna mellan tallrikarna och häll lite sås över varje portion. Strö över persilja och servera med citronklyftor.

43.Bombay marulk

INGREDIENSER:

- 1 pund marulk, flådd
- Mjölk att täcka
- ¼ pund skalade räkor
- 2 ägg
- 3 msk tomatpuré ½ tsk currypulver
- 2 tsk citronsaft
- ¼ tesked färsk rosmarin, hackad
- 1 nypa saffran eller gurkmeja ¾ kopp lätt grädde
- Salta och peppra efter smak

INSTRUKTIONER:

a) Värm ugnen till 350F. Lägg marulken i en panna precis stor nog att rymma den. Häll över mjölken och ställ pannan på medelvärme.

b) Låt koka upp, täck och koka i 8 minuter. Vänd fisken och koka 7 minuter längre, eller tills fisken är genomstekt.

c) När marulken nästan är färdig, tillsätt räkorna och koka i 2–3 minuter, eller tills de blir rosa.

d) Häll av fisk och räkor, släng mjölken.

e) Skär marulken i lagom stora bitar. Vispa äggen med tomatpuré, currypulver, citronsaft, rosmarin, saffran och ½ kopp grädde.

f) Blanda i fisken och räkorna och smaka av med salt och peppar.

g) Förvandla till 4 individuella ramekinrätter och häll lika mycket av den återstående grädden över toppen av varje maträtt.

h) Grädda i 20 minuter, eller tills den stelnat. Servera varm med en skvätt citron och knaprig franskt bröd.

44.Kyckling, räkor och chorizo paella

INGREDIENSER:

- ½ tsk saffranstrådar, krossade
- 2 matskedar olivolja
- 1 pund skinnfria, benfria kycklinglår, skurna i 2-tums bitar
- 4 uns kokt, rökt chorizokorv i spansk stil, skivad
- 1 medelstor lök, hackad
- 4 vitlöksklyftor, hackade
- 1 dl grovt rivna tomater
- 1 msk rökt söt paprika
- 6 dl kycklingbuljong med reducerad natriumhalt
- 2 koppar kortkornigt spanskt ris, som bomba, Calasparra eller Valencia
- 12 stora räkor, skalade och deveirade
- 8 uns frysta ärtor, tinade
- Hackade gröna oliver (valfritt)
- Hackad italiensk persilja

INSTRUKTIONER:

a) I en liten skål kombinera saffran och 1/4 kopp varmt vatten; låt stå i 10 minuter.

b) Under tiden, i en 15-tums paellapanna, värm olja över medelhög värme. Lägg till kyckling i pannan. Koka, vänd då och då, tills kycklingen är brun, cirka 5 minuter. Tillsätt chorizo. Koka 1 minut till. Överför allt till en tallrik. Tillsätt lök och vitlök i pannan. Koka och rör om i 2 minuter. Tillsätt tomater och paprika. Koka och rör om i 5 minuter till eller tills tomaterna är tjockna och nästan pastaliknande.

c) Lägg tillbaka kycklingen och chorizo i pannan. Tillsätt kycklingbuljong, saffransblandning och 1/2 tsk salt; koka upp på hög värme. Tillsätt ris i pannan, rör om en gång för att fördela det jämnt. Koka, utan att röra, tills riset har absorberat det mesta av vätskan, cirka 12 minuter. (Om din panna är större än din brännare, rotera varannan minut för att säkerställa att riset kokar jämnt.) Sänk värmen till låg. Koka, utan att röra, 5 till 10 minuter till tills all vätska har absorberats och riset är al dente. Toppa med räkor och ärtor. Vrid värmen till hög. Koka utan att röra, 1 till 2 minuter till (kanterna ska se torra ut och en skorpa ska bildas på botten). Avlägsna. Täck pannan med folie. Låt vila 10 minuter innan servering. Toppa med oliver, om så önskas, och persilja.

45.Mintiga räkor

INGREDIENSER:
- 2 matskedar olivolja
- 10 uns räkor, kokta
- 1 msk mynta, hackad
- 2 matskedar erytritol
- ⅓ kopp björnbär, malda
- 2 tsk currypulver _ _
- 11 prosciuttoskivor
- ⅓ kopp grönsaksfond

INSTRUKTIONER:
a) Ringla olja över varje räka efter att ha slagit in den i prosciuttoskivor.

b) I din snabbgryta, kombinera björnbär, curry, mynta , fond och erytritol, rör om och koka i 2 minuter på låg värme.

c) Lägg till ångbåtskorgen och inslagna räkor i grytan, täck över och koka i 2 minuter på hög nivå.

d) Lägg inslagna räkor på ett fat och ringla över myntasås innan servering.

46.Kiwifrukt och räkor

INGREDIENSER:
- 3 kiwifrukter
- 3 matskedar olivolja
- 1 pund räkor, skalade
- 3 matskedar Mjöl
- ¾ kopp prosciutto, skuren i tunna strimlor
- 3 schalottenlök, finhackad
- ⅓ tesked chilipulver
- ¾ kopp torrt vitt vin

INSTRUKTIONER:
a) Skala kiwi. Spara 4 skivor för garnering och hacka resten av frukten. Värm olja i en tjock stekpanna eller wok. Kasta räkor i mjöl och fräs, 30 sekunder.
b) Tillsätt prosciutto, schalottenlök och chilipulver. Stek, ytterligare 30 sekunder. Tillsätt den hackade kiwin och fräs, 30 sekunder. Tillsätt vin och reducera till hälften.
c) Servera omedelbart.

47.Örtad getost och prosciutto räkor

INGREDIENSER:

- 12 msk getost
- 1 tsk hackad färsk persilja
- 1 tsk hackad färsk dragon
- 1 tsk Hackad färsk körvel
- 1 tsk hackad färsk oregano
- 2 tsk finhackad vitlök
- Salt och peppar
- 12 stora räkor, skalade, tail-on och
- Butterflyed
- 12 tunna skivor prosciutto
- 2 msk olivolja
- Ringla vit tryffel
- Olja

INSTRUKTIONER:

a) Blanda ost, örter och vitlök i en mixerskål. Krydda blandningen med salt och peppar. Krydda räkorna med salt och peppar.

b) Tryck ut en matsked av fyllningen i håligheten på varje räka.

c) Linda varje räka tätt med en bit prosciutto. Värm olivoljan i en stekpanna. När oljan är varm, tillsätt de fyllda räkorna och stek i 2 till 3 minuter på varje sida, eller tills räkorna blir rosa och deras svansar rullar in mot kroppen. Ta bort från pannan och lägg på en stor tallrik.

d) Ringla över räkorna med tryffelolja.

e) Garnera med persilja.

48.Gnocchetti med räkor & pesto

INGREDIENSER:
- Semolina Deg

PISTASCHPESTO
- 1 kopp pistagenötter
- 1 knippe mynta
- 1 vitlöksklyfta
- ½ kopp riven Pecorino Romano
- ½ kopp olivolja
- Kosher salt
- Nymalen svartpeppar
- 8 oz favabönor
- Olivolja
- 3 vitlöksklyftor, hackade
- 2 lb stora räkor, rensade
- Krossad röd paprika, efter smak
- Kosher salt
- Nymalen svartpeppar
- ¼ kopp vitt vin
- 1 citron, skalad

INSTRUKTIONER :

a) Pudra två plåtformar med mannagrynsmjöl.

b) För att göra gnocchetti, skär av en liten bit deg och täck resten av degen med plastfolie. Rulla degbiten med händerna till ett rep som är cirka ½ tum tjockt. Skär ½-tums degbitar från repet. Med tummen trycker du försiktigt på degbiten på en gnocchibräda och rullar bort den från kroppen så att den skapar en liten fördjupning. Placera gnocchetti på de semolina-dammade plåtformarna och låt den vara utan lock tills den ska tillagas.

c) För att göra pistagepeston, i en matberedare, tillsätt pistagenötter, mynta, vitlök, Pecorino Romano, olivolja, salt och nymalen svartpeppar och bearbeta tills de är mosade.

d) Förbered en skål med isvatten. Ta bort favabönorna från baljan. Blanchera favabönorna genom att koka dem i kokande vatten tills de är mjuka, ca 1 minut. Ta bort från vattnet och lägg i isbadet.

e) När det är tillräckligt kallt, ta bort från vattnet och ställ åt sidan i en skål. Ta bort det vaxartade yttre lagret av bönan och kassera.

f) Koka upp en stor kastrull med saltat vatten. Under tiden, i en stor stekpanna på hög värme, tillsätt en klick olivolja, vitlök, räkor, krossad röd paprika, salt och nymalen svartpeppar. Medan räkorna kokar, släpp pastan i det kokande vattnet och koka tills al dente, cirka 3 till 4 minuter. Tillsätt pastan i stekpannan med vitt vin och låt koka tills vinet reducerats till hälften, ungefär en minut.

g) För att servera, dela pastan mellan skålar. Garnera med citronskal och pistagepesto.

49.Acadiska popcorn

INGREDIENSER:

- 2 pund små räkor
- 2 stora ägg
- 1 dl torrt vitt vin
- ½ kopp Polenta
- ½ kopp mjöl
- 1 msk färsk gräslök
- 1 vitlöksklyfta, finhackad
- ½ tsk timjanblad
- ½ tsk körvel
- ½ tsk vitlökssalt
- ½ tsk svartpeppar
- ½ tsk cayennepeppar
- ½ tsk paprika
- olja för fritering

INSTRUKTIONER:

a) Skölj kräftorna eller räkorna i kallt vatten, låt rinna av väl och ställ åt sidan tills de behövs. Vispa ägg och vin i en liten skål och ställ sedan i kylen.

b) I en annan liten skål, kombinera Polenta, mjöl, gräslök, vitlök, timjan, körvel, salt, peppar, cayennepeppar och paprika. Vispa gradvis ner de torra ingredienserna i äggblandningen, blanda väl. Täck över den resulterande smeten och låt den sedan stå i rumstemperatur i 1–2 timmar.

c) Värm oljan i holländsk ugn eller fritös till 375 ° F på termometer.

d) Doppa de torra skaldjuren i smeten och stek den i små omgångar i 2-3 minuter, vänd den tills den är gyllenbrun genomgående.

e) Ta bort räkorna med en hålslev och låt rinna av den ordentligt på flera lager hushållspapper. Servera den på ett uppvärmt fat med din favoritdipp.

50.Äppelglaserade skaldjursspett

INGREDIENSER:

- 1 burk äppeljuicekoncentrat
- 1 msk VARJE smör och dijonsenap
- 1 stor söt röd paprika
- 6 segment Bacon
- 12 havsmusslor
- 1 pund skalade, deveinerade räkor (cirka 36)
- 2 matskedar Tärnade färsk persilja

INSTRUKTIONER:

a) I en djup, tung kastrull, koka äppeljuicekoncentrat på hög värme i 7 10 minuter eller upp tills det reducerats till cirka ¾ kopp. Ta ut från värmen, vispa i smör och senap tills det är slätt. Avsätta. Skär paprikan på mitten Ta ut frön och stjälk och skär paprikan i 24 bitar. Skär baconsegmenten på mitten på tvären och linda in varje pilgrimsmussla i en bit bacon.

b) spett peppar, pilgrimsmusslor och räkor växelvis på 6 spett. Lägg spett på den oljade grillen. Grilla över lagom hög värme i 2-3 minuter, tråckla med äppeljuiceglasyr och rotera ofta, tills pilgrimsmusslor är ogenomskinliga, räkor är rosa och peppar är möra. Servera överstänkt med persilja.

51.Räkspenatsallader

INGREDIENSER:

- 1 pund skalade och deveinerade kokta medelstora räkor
- 4 salladslökar, tunt skivade
- 3/4 kopp syrlig tomatbaconsalladsdressing
- 1 paket (6 uns) färsk babyspenat
- 1 kopp strimlade morötter
- 2 hårdkokta stora ägg, skivade
- 2 plommontomater, skurna i klyftor

INSTRUKTIONER:

a) Koka löken och räkorna med salladsdressingen i en stor stekpanna på medelvärme för att få dem genomvärmda, eller i 5 till 6 minuter.

b) Lägg lika stora mängder av spenaten på 4 portioner. Lägg tomater, ägg, morötter och räkblandning ovanpå. Servera direkt.

52.Räksufflé

INGREDIENSER:

- ½ pund Kokta räkor
- 3 skivor Färsk ingefära rot
- 1 matsked Sherry
- 1 tesked Soja sås
- 6 Äggvitor
- ½ tesked Salt
- 4 matskedar Olja
- 1 streck Peppar

INSTRUKTIONER:

a) Tärna kokta räkor och finhacka ingefära; kombinera sedan med sherry och sojasås.

b) Vispa äggvitan, med salt, tills den blir skum och styv, men inte torr. Vänd i räkblandningen.

c) Värm olja till rökning. Tillsätt räkor-äggblandningen och koka på medelhög värme, under konstant omrörning, tills äggen börjar stelna (3 till 4 minuter).

53.Ceviche Peruano

INGREDIENSER:
- 2 medelstora potatisar
- 2 st sötpotatis
- 1 rödlök, skuren i tunna strimlor
- 1 kopp färsk limejuice
- 1/2 stjälkselleri, skivad
- 1/4 kopp lätt packade korianderblad
- 1 nypa mald spiskummin
- 1 vitlöksklyfta, hackad
- 1 habaneropeppar
- 1 nypa salt och nymalen peppar
- 1-pund färsk tilapia, skuren i 1/2-tum
- 1-pund medelstora räkor - skalade,

INSTRUKTIONER:
a) Lägg potatisen och sötpotatisen i en kastrull och täck med vatten. Lägg den skivade löken i en skål med varmt vatten.

b) Blanda selleri, koriander och spiskummin och rör ner vitlök och habaneropeppar. Smaka av med salt och peppar och rör sedan i tärnad tilapia och räkor

c) För att servera, skala potatisen och skär i skivor. Rör ner löken i fiskblandningen. Klä serveringsskålar med salladsblad. Häll ner cevichen som består av juice i skålarna och garnera med skivor potatis.

54.Cheddarfondue med tomatsås

INGREDIENSER:

- 1 vitlöksklyfta, halverad
- 6 medelstora tomater, kärnade och tärnade
- 2/3 kopp torrt vitt vin
- 6 matskedar. Smör, i tärningar
- 1-1/2 tsk. Torkad basilika
- Stryk cayennepeppar
- 2 dl riven cheddarost
- 1 matsked. Mjöl för alla ändamål
- Franskt bröd i tärningar och kokta räkor

INSTRUKTIONER:

a) Gnid in botten och sidorna av en fonduegryta med en vitlöksklyfta.

b) Ställ åt sidan och släng vitlöken.

c) Blanda vin, smör, basilika, cayenne och tomater i en stor kastrull.

d) Koka upp blandningen på medelhög värme och sänk sedan värmen till låg.

e) Blanda ost med mjöl.

f) Tillsätt tomatblandningen gradvis under omrörning efter varje tillsats tills osten smält.

g) Häll i Preparation fonduegrytan och håll varmt.

h) Njut med räkor och brödtärningar.

55.Kryddig räkor och ostdipp

INGREDIENSER:

- 2 skivor utan tillsatt socker bacon
- 2 medium gul lök, skalad och tärnad
- 2 kryddnejlika vitlök, mald
- 1 kopp popcorn räka (inte de panerad snäll), kokta
- 1 medium tomat, tärnad
- 3 koppar strimlad Monterey jack ost
- 1/4 _ _ tesked Franks Glödhett sås
- 1/4 _ _ tesked cayennepeppar peppar
- 1/4 _ _ tesked svart peppar

INSTRUKTIONER:

a) kock de bacon i a medium stekpanna över medium värme fram tills knaprig, handla om 5–10 minuter. Ha kvar fett i panorera. Lägga de bacon på a papper handduk till Häftigt. När Häftigt, smula ner de bacon med din fingrar.

b) Lägg till de lök och vitlök till de bacon droppar i de stekpanna och saute över medel-låg värme fram tills de är mjuk och doftande, handla om 10 minuter.

c) Kombinera Allt ingredienserna i a långsam spis; Vispa väl. kock täckt på låg miljö 1–2 timmar eller fram tills ost är fullt smält.

56.Anka Gumbo

INGREDIENSER:
STOCK:
- 3 stora eller 4 små ankor
- 1 liter vatten
- 1 lök, i fjärdedelar
- 2 revbensselleri
- 2morötter 2 lagerblad 3 t. salt
- 1 t. peppar

GUMBO:
- ¾c. mjöl
- ¾c. olja
- 2 vitlöksklyftor, hackade
- 1 dl finhackad lök
- ½ c. finhackad selleri
- 1c. finhackad grön paprika
- 1 pund okra skuren i ¼" bitar
- 2 T. baconfett
- 1 lb. råa, skalade räkor
- 1 pkt. ostron och sprit
- ¼c. hackad persilja
- 2 c. kokt ris

INSTRUKTIONER:
a) Skin ankor; Koka i vatten med lök, selleri, lagerblad, salt och peppar i cirka 1 timme eller tills ankköttet är mört. Anstränga; skumma bort allt fett och reservera 3 fjärdedelar av lagret. Om det behövs, tillsätt kyckling eller nötbuljong för att göra 3 liter fond. Ta bort kött från slaktkroppar och bitar av bitar; återgå till lager. Fonden kan göras dagen innan du gör gumbo.

FÖR GUMBO:
b) I en stor holländsk ugn, gör en mörkbrun roux med mjöl och olja.

c) Tillsätt vitlök, lök, selleri och grön paprika; sautera okra i baconfett tills all ripiness är borta, cirka 20 minuter; dränera. Varm fond i en soppgryta och rör långsamt ner roux- och grönsaksblandningen.

d) Lägg till okra; låt sjuda under lock 1½ timme.

e) Tillsätt räkor, ostron och deras sprit och koka ytterligare 10 minuter. Rör ner persilja och ta bort från elden.

f) Korrigera kryddningen och servera över hett, fluffigt ris.

57.Ankcurry med ananas

INGREDIENSER:

- 15 torkade långa röda chili
- 1 msk vitpepparkorn
- 2 tsk korianderfrön
- 1 tsk spiskummin
- 2 tsk räkpasta
- 5 röda asiatiska schalottenlök, hackade
- 10 vitlöksklyftor, hackade
- 2 citrongrässtjälkar, endast den vita delen, fint skivade
- 1 msk hackad galangal
- 2 msk hackad korianderrot
- 1 tsk finrivet kaffirlimeskal
- 1 msk jordnötsolja
- 8 vårlökar (salladslökar), skivade på diagonalen i 3 cm (1¼ tum) längder
- 2 vitlöksklyftor, krossade
- 1 kinesisk stekt anka, hackad i stora bitar
- 400 ml (14 oz) kokosmjölk
- 450 g (1 lb) konserverade ananasbitar i sirap, avrunna
- 3 kaffir limeblad
- 3 msk hackade korianderblad
- 2 msk hackad mynta

INSTRUKTIONER:

a) Blötlägg chilin i kokande vatten i 5 minuter, eller tills de är mjuka. Ta bort stjälken och fröna och hacka sedan.

b) Torrstek pepparkorn, korianderfrön, spiskummin och räkpasta inlindade i folie i en stekpanna på medelhög värme i 2–3 minuter, eller tills de doftar. Låt svalna.

c) Krossa eller mal pepparkornen, koriandern och spiskumminen till ett pulver.

d) Lägg hackad chili, räkpasta och malda kryddor med de återstående currypastaingredienserna i en matberedare eller i en mortel med mortelstöt och bearbeta eller pudra till en slät pasta.

e) Värm en wok tills den är väldigt varm, tillsätt oljan och snurra runt för att täcka sidan. Tillsätt lök, vitlök och 2–4 matskedar röd currypasta och fräs i 1 minut eller tills det doftar.

f) Tillsätt de stekta ankbitarna, kokosmjölken, avrunna ananasbitarna, kaffirlimebladen och hälften av koriandern och myntan. Koka upp, sänk sedan värmen och låt sjuda i 10 minuter, eller tills ankan är genomvärmd och såsen har tjocknat något.

g) Rör ner resterande koriander och mynta och servera.

58.BBQ anka curry med litchi

INGREDIENSER:

- 1 tsk vitpepparkorn
- 1 tsk räkpasta
- 3 långa röda chili, kärnade
- 1 rödlök, grovt hackad
- 2 vitlöksklyftor
- 2 citrongrässtjälkar, endast den vita delen, tunt skivade
- 5 cm (2 tum) bit ingefära
- 3 korianderrötter
- 5 kaffir limeblad
- 2 matskedar olja
- 2 tsk mald koriander
- 1 tsk malen spiskummin
- 1 tsk paprika
- 1 tsk mald gurkmeja
- 1 kinesisk grillanka
- 400 ml (14 oz) kokosgrädde
- 1 msk rakat palmsocker (jaggery)
- 2 msk fisksås
- 1 tjock skiva galangal
- 240 g (8½ oz) konserverad halmsvamp, avrunnen
- 400 g (14 oz) konserverad litchi, halverad
- 250 g (9 oz) körsbärstomater
- 1 näve thailändsk basilika, hackad
- 1 näve korianderblad

INSTRUKTIONER:

a) Torrstek pepparkornen och räkpastan inlindade i lite folie i en stekpanna på medelhög värme i 2–3 minuter, eller tills de doftar. Låt svalna.

b) Använd en mortel med en mortelstöt eller en kryddkvarn, krossa eller mal pepparkornen till ett pulver.

c) Lägg de krossade pepparkornen och räkorna med resterande ingredienser till currypasta i en matberedare, eller i en mortel med en mortelstöt, och bearbeta eller pudra till en slät pasta.

d) Ta bort ankköttet från benen och skär i lagom stora bitar. Lägg den tjocka kokosgrädden från toppen av formen i en kastrull, låt sjuda snabbt på medelvärme, rör om då och då, och låt koka i 5–10 minuter, eller tills blandningen "splittrar" (oljan börjar separera).

e) Tillsätt hälften av currypastan, palmsockret och fisksåsen och rör om tills palmsockret är upplöst.

f) Tillsätt anka, galangal, halmsvamp, litchi, reserverad litchisirap och resterande kokosgrädde. Koka upp och låt sedan sjuda och koka i 15–20 minuter, eller tills ankan är mjuk.

g) Tillsätt körsbärstomater, basilika och koriander. Krydda efter smak. Servera när körsbärstomaterna mjuknat något.

59.Grillad skaldjursceviche

INGREDIENSER:

- ¾ pund Medium räkor, skalade och deveirade
- ¾ pund Havsmusslor
- ¾ pund Laxfilé
- 1 kopp tärnade tomater (1/2 tum tärningar)
- 1 kopp tärnad mango (1/2 tum tärningar)
- 2 grapefrukter, skalade och segmenterade
- 3 apelsiner, skalade och segmenterade
- 4 limefrukter, skalade och segmenterade
- ½ kopp tärnad rödlök (1/2 tum tärningar)
- 2 Jalapenos, hackade
- 4 koppar färsk limejuice
- 1 kopp hackad koriander
- 2 matskedar socker
- Salta och malen peppar

INSTRUKTIONER:

a) I en stor icke-reaktiv skål, kombinera pilgrimsmusslor, lax, räkor, tomater, mango, lök, jalapeno och limejuice.

b) Marinera, kyld, i 3 timmar.

c) Ta bort från marinaden och grilla fisk och skaldjur, precis tillräckligt länge för att få grillmärken 30-60 sekunder.

d) Skär all fisk i en ½-tums tärning.

e) Strax före servering häll av så mycket limejuice som möjligt från frukten, tillsätt koriander, socker, skaldjur och lax. Blanda försiktigt och se till att frukten och fisken inte bryts sönder.

60.Zucchini vårrullskålar

INGREDIENSER:
- 3 msk krämigt jordnötssmör
- 2 msk färskpressad limejuice
- 1 matsked sojasås med reducerad natrium
- 2 tsk mörkt farinsocker
- 2 tsk sambal oelek (malen färsk chilipasta)
- 1-pund medelstora räkor, skalade och deveirade
- 4 medelstora zucchini, spiraliserade
- 2 stora morötter, skalade och rivna
- 2 koppar strimlad lilakål
- ⅓ kopp färska korianderblad
- ⅓ kopp basilikablad
- ¼ kopp myntablad
- ¼ kopp hackade rostade jordnötter

INSTRUKTIONER:
a) FÖR JORDNÖTSSÅSEN: Vispa ihop jordnötssmör, limejuice, sojasås, farinsocker, sambal oelek och 2 till 3 matskedar vatten i en liten skål. Kyl i upp till 3 dagar, tills den ska serveras.

b) Koka räkorna i en stor kastrull med kokande saltat vatten tills de är rosa, cirka 3 minuter. Låt rinna av och svalna i en skål med isvatten. Dränera väl.

c) Dela zucchini i måltidsförberedande behållare. Toppa med räkor, morötter, kål, koriander, basilika, mynta och jordnötter. Håller sig täckt i kylen 3 till 4 dagar. Servera med den kryddiga jordnötssåsen.

61.Quinoa och räksallad

INGREDIENSER:
- 1 kopp quinoa , kokt
- ½ pund räkor; kokta; i 1/2-tums tärningar
- ½ kopp färsk koriander; finhackat
- ¼ kopp färsk gräslök eller salladslök
- 1 st Jalapeno Pepper; mald
- 1 varje vitlöksklyfta; mald
- 1 tsk salt
- ½ tesked Svartpeppar
- 3 msk limejuice
- 1 matsked honung
- 1 msk sojasås
- 2 msk olivolja

INSTRUKTIONER:
b) Till dressingen, vispa ihop jalapeno, vitlök, salt, peppar, limejuice, honung, soja och olivolja. Blanda försiktigt med quinoa.

c) Justera krydda efter smak.

62.Baksmälla räkor

INGREDIENSER:

- 32 uns V-8 juice
- 1 burk Öl
- 3 Jalapeñopeppar (eller habaneros)
- 1 stor Lök; hackad
- 1 tesked Salt
- 2 Vitlöksklyftor; hackad
- 3 pund s Räka; skalade och deveinerade

INSTRUKTIONER:

a) Lägg alla ingredienser, utom räkor, i en stor kastrull och låt koka upp.
b) Tillsätt räkor och ta bort från värmen. Låt stå ca 20 minuter. Häll av och kyl räkorna.
c) Formaterad och sprängd av Carriej999@...

63.Pinwheel räkor rullar

INGREDIENSER:

- 5 stora ägg
- 1 msk salladsolja
- 1 pund råa räkor; skalad, deveined
- 2 tsk salt
- ⅓ kopp Fina torkade brödsmulor
- 1 tsk Finhackad färsk ingefära
- 1 Äggvita
- ⅛ tesked Pepparpulver
- ¼ tesked vitpeppar
- 2 matskedar Vermouth
- ¼ kopp kyckling- eller fiskfond
- 2 matskedar Finhackad salladslök; endast vit del
- ½ röd paprika eller pimiento i tärningar
- 1 liten morot; strimlad
- 8 snöärter; tärnad
- ¼ kopp ostronsås
- ¼ kopp kycklingfond
- 1 msk sojasås
- 1 msk Tabascosås
- 1 tsk Malen färsk ingefära

INSTRUKTIONER:

a) Vispa de 5 äggen tills de är väl blandade. Pensla en teflonklädd stekpanna med hälften av salladsoljan.

b) Hetta upp pannan och häll i hälften av äggen, virvla runt pannan så att äggen täcker botten av pannan.

c) Koka äggcrepe tills den stelnat. Ta bort från pannan och låt svalna. Upprepa.

d) Gnid in räkorna med 1 tsk. salta och tvätta noggrant under kallt rinnande vatten. Låt räkorna rinna av och torka dem.

e) Finhacka räkorna med på/av-varv av matberedaren och överför till en stor mixerskål.

f) Rör i resterande salt, brödsmulorna; ingefära, äggvita, peppar, vermouth, kyckling- eller fiskfond och salladslök. Rör om kraftigt tills blandningen är blandad.

g) Tillsätt tärnad snöärta och söt röd paprika eller pimiento.

h) Bred ut ½ räkblandning på en äggcrepe, toppa med hälften av de strimlade morötterna och rulla ihop. Upprepa med den andra crepen.

i) Lägg räkrullar på tallrik i en ångkokare & ånga 10min. Servera med ostronsås. Ostron

SÅS:

j) Blanda ihop, värm i kastrull och servera varm med räkrullar.

64.Pasta med ostliknande pestoräkor & svamp

INGREDIENSER:
- 1 (16 oz.) paket linguinepasta
- 1 kopp beredd basilikapesto
- 2 msk olivolja
- 1 lb. kokta räkor, skalade och deveirade
- 1 liten lök, hackad
- 20 champinjoner, hackade
- 8 vitlöksklyftor, skivade
- 3 roma (plommon) tomater, tärnade
- 1/2 kopp smör
- 2 msk universalmjöl
- 2 dl mjölk
- 1 nypa salt
- 1 nypa paprika
- 1 1/2 kopp riven romanost

INSTRUKTIONER:
a) I en stor kastrull med lättsaltat kokande vatten, tillsätt pastan och koka i ca 8-10 minuter eller tills önskad form och låt rinna av väl och håll åt sidan.

b) Värm olja på medelvärme i en stor stekpanna och fräs löken i ca 4-5 minuter.

c) Tillsätt smör och vitlök och fräs i ca 1 minut.

d) Blanda under tiden ihop mjölk och mjöl i en skål och häll i en stekpanna under konstant omrörning.

e) Rör ner salt och svartpeppar och koka under omrörning i cirka 4 minuter.

f) Tillsätt osten, rör hela tiden tills den smält helt.

g) Rör ner peston och räkor, tomater och svamp och koka i cirka 4 minuter eller tills de är helt uppvärmda.

h) Tillsätt pastan och rör om och servera omedelbart.

65.Ostlika pestoräkor med pasta

INGREDIENSER:
- 1 pund linguinepasta
- 1/3 kopp pesto
- 1/2 kopp smör
- 1 lb. stora räkor, skalade och deveirade
- 2 dl tung grädde
- 1/2 tsk mald svartpeppar
- 1 dl riven parmesanost

INSTRUKTIONER:
a) I en stor kastrull med lättsaltat kokande vatten, tillsätt pastan och koka i ca 8-10 minuter eller tills önskad form och låt rinna av väl och håll åt sidan.

b) Smält under tiden smöret i en stor stekpanna på medelvärme. Tillsätt grädden och svartpeppar och koka under konstant omrörning i ca 6-8 minuter.

c) Tillsätt osten och rör om tills det är väl blandat. Rör ner peston och koka under konstant omrörning i ca 3-5 minuter.

d) Tillsätt räkorna och koka i ca 3-5 minuter. Servera varm med pasta.

KRABBA

66.Krabbamuffins

INGREDIENSER:

- ½ pund krabbkött (7 oz burk)
- 1 Stick margarin
- 1 burk Old English Cheese
- ½ tsk vitlökssalt
- 2 msk majonnäs
- ½ tesked kryddsalt
- 6 engelska muffins

INSTRUKTIONER:

a) Blanda ihop allt utom muffins. Bred ut på muffins. Skär muffins i fjärdedelar.

b) Frys in på plåt. Lägg i påse och förvara i frysen tills det behövs. Stek och servera.

67.Krabbtårtor

INGREDIENSER:

- 3 stora ägg, vispade
- 1½ kopp skummjölk
- ¾ kopp schweizerost, riven
- 2 msk färskost, mjukad
- 1 msk lök, hackad
- ¼ kopp persilja, hackad
- ½ kopp morötter, strimlade
- 1 pund Vanligt krabbkött
- ½ tsk Muskotnöt
- ¼ tesked vitpeppar
- 1 nypa salt
- bakelse för 2 skorpa paj

INSTRUKTIONER:

a) Kavla ut degen tunt och skär i cirklar med en diameter på 2 cm med en kakform. Tryck lätt ut degcirklarna i oljade tårtskal. Pricka degen med gaffel.

b) Grädda i 5-7 minuter i 450 grader. Ta bort från ugnen. Avsätta.

c) Blanda samman de återstående ingredienserna och häll i tårta skal, fyll ½ tum ovanpå skalen

d) Grädda i 25 minuter i 375 grader eller tills en insatt tandpetare kommer ut ren.

68.Skaldjursdopp

INGREDIENSER:
- 1 kopp flingad krabbkött
- ½ kopp cheddarost - strimlad
- ¼ kopp färskost -- mjukad
- ¼ kopp majonnäs
- ¼ kopp gräddfil
- ¼ kopp parmesanost - riven
- ¼ kopp grön lök - skivad
- 1 tsk citronsaft
- ¼ tesked Worcestershiresås
- ⅛ tesked vitlökspulver
- ¼ kopp brödsmulor

INSTRUKTIONER:
a) Blanda de första 10 ingredienserna i en skål till en slät smet. Bred ut i en 9 tums pajform.
b) Strö över brödsmulor. Grädda, täckt, vid 350 grader F 20 minuter eller tills det är bubbligt
c) Avtäck och grädda 5 minuter till. Servera med kex eller råa grönsaker.

OSTRON

69.Ostronkroketter

INGREDIENSER:

- ¼ kopp smör
- ¼ kopp universalmjöl
- 1 kopp mjölk
- Salt
- Nymalen peppar
- 3 matskedar smör
- 4 Finhackad schalottenlök
- 1 pund finhackad svamp
- 24 Shucked & klappade torrt ostron
- (för fritering) vegetabilisk olja
- 3 Ägg
- Mjöl för alla ändamål
- 4 koppar Färskt brödsmulor
- Vattenkrasse
- Klyftor citron

INSTRUKTIONER:

a) Smält ¼ kopp smör i en tjock medelstor kastrull på låg värme.

b) Vispa i ¼ kopp mjöl och rör om i 3 minuter. Vispa i mjölk och låt koka upp. Sänk värmen och låt sjuda i 5 minuter, rör om då och då. Krydda med salt och peppar.

c) Smält 3 matskedar smör i en tung medelstor stekpanna på medelhög värme. Tillsätt schalottenlök och koka tills den mjuknat, rör om då och då, cirka 5 minuter. Tillsätt svamp, öka värmen och koka tills all vätska avdunstat, rör om då och då, cirka 10 minuter. Krydda med salt och peppar. Rör ner svampblandningen i såsen. Häftigt.

d) Värm pannan över medelhög värme. Tillsätt ostron och rör om i 2 minuter. Häftigt.

e) Värm olja till 425 grader. i fritös eller tung stor kastrull. Vispa ägg för att blanda med 1 matsked vegetabilisk olja. Packa sås runt varje ostron, forma en cigarrform. Mudre i mjöl, skaka av överskottet.

f) Doppa i äggblandningen. Rulla i ströbröd. Stek i omgångar tills de är gyllenbruna, ca 4 minuter. Ta bort med hålslev och låt rinna av på hushållspapper.

g) Lägg upp Croquetas på ett fat. Garnera med vattenkrasse och citron.

70.Ostron och tomat Bruschetta

INGREDIENSER:

- 1 fransk baguette, skivad och rostad
- 2 dl körsbärstomater, halverade
- 16 färska ostron, pocherade eller grillade
- Balsamicoglasyr för duggregn
- Färska basilikablad till garnering

INSTRUKTIONER:

a) Blanda körsbärstomater med salt och peppar i en skål.
b) Lägg pocherade eller grillade ostron ovanpå varje rostad baguetteskiva.
c) Häll de kryddade tomaterna över ostronen.
d) Ringla över balsamicoglasyr och garnera med färska basilikablad.
e) Servera som en härlig bruschetta.

71.Oyster Sushi Rullar

INGREDIENSER:

- 4 ark nori (tång)
- 2 dl sushiris, kokt och kryddat
- 16 färska ostron, skivade
- 1 gurka, finhackad
- Sojasås till doppning
- Inlagd ingefära till servering

INSTRUKTIONER:

a) Lägg ett ark nori på en rullmatta för sushi av bambu.
b) Bred ett tunt lager sushiris över nori.
c) Lägg skivor av färska ostron och skuren gurka på riset.
d) Rulla sushin hårt och skär i lagom stora bitar.
e) Servera med sojasås och inlagd ingefära.

72.Ostron och ädelost Crostini

INGREDIENSER:

- Baguetteskivor, rostade
- 16 färska ostron, lätt pocherade eller grillade
- 1/2 kopp ädelost, smulad
- Honung för duggregn
- Hackade valnötter till garnering

INSTRUKTIONER:

a) Lägg lätt pocherade eller grillade ostron på rostade baguetteskivor.

b) Strö smulad ädelost över ostronen.

c) Ringla över honung.

d) Garnera med hackade valnötter.

e) Servera som elegant frukostcrostini.

73.Cajun friterade räkor och ostron

INGREDIENSER:

- 1 pund färska ostron
- 1 pund jumbo råa räkor, skalade och deveirade
- 2 ägg, lätt vispade separat
- ¾ kopp universalmjöl
- ½ kopp gult majsmjöl
- 2 tsk Cajun-krydda
- ½ tsk citronpeppar

2 dl vegetabilisk olja, för fritering

INSTRUKTIONER:

a) Lägg ostronen i en medelstor skål och lägg räkorna i en separat skål.

b) Ringla äggen över räkorna och ostron (1 ägg per skål) och se till att allt är snyggt belagt. Ställ skålarna åt sidan.

c) I en stor ziplock fryspåse, tillsätt mjöl, majsmjöl, Cajun-krydda och citronpeppar. Skaka upp påsen för att se till att allt är väl blandat.

d) Lägg till räkorna i påsen och skaka för att täcka, ta sedan bort räkorna och lägg dem på en plåt. Lägg nu ostronen i påsen och upprepa processen.

e) Värm den vegetabiliska oljan till cirka 350 till 360 grader F i en fritös eller stekpanna. Stek räkorna tills den är gyllenbrun, cirka 3 till 4 minuter. Stek sedan ostronen tills de är gyllenbruna, cirka 5 minuter.

f) Lägg skaldjuren på en tallrik med hushållspapper för att hjälpa till att absorbera en del av överflödig olja. Servera med din favoritdippsås.

74.Stekt ostron

INGREDIENSER:

- 1 pint shucked ostron, avrunna
- 1/2 kopp universalmjöl
- 1/2 tsk salt
- 1/4 tsk svartpeppar
- 1/4 tsk cayennepeppar
- 2 ägg, vispade
- 1 dl brödsmulor
- Vegetabilisk olja, för stekning

INSTRUKTIONER:

a) I en grund form, vispa ihop mjöl, salt, svartpeppar och cayennepeppar.

b) Vispa äggen i en annan grund form.

c) Lägg brödsmulorna i en tredje grund form.

d) Doppa varje ostron först i mjölblandningen, sedan i de uppvispade äggen och till sist i brödsmulorna, skaka av eventuellt överskott.

e) Värm vegetabilisk olja i en stor stekpanna på medelhög värme.

f) Stek ostronen i omgångar, ca 2-3 minuter per sida, eller tills de är gyllenbruna och krispiga.

g) Låt de stekta ostronen rinna av på en plåt med hushållspapper.

h) Servera varm med citronklyftor och tartarsås.

75.Ostron och habanero ceviche

INGREDIENSER:

- 8 Shucked färska ostron
- 1 msk hackad koriander
- 1 msk Fintärnad tomat
- ¼ tesked Habanero puré
- ½ apelsin; högsta
- ¼ kopp färskpressad apelsinjuice
- 1 msk färskpressad citronsaft
- Salt och peppar

INSTRUKTIONER:

a) Blanda alla ingredienser i en skål.
b) Krydda med salt och peppar.
c) Servera i ostronskalhalvor.

76.Bacon-ostronbitar

INGREDIENSER:

- 8 skivor Bacon
- ½ kopp Örtkryddad fyllning
- 1 burk (5 oz) ostron; hackad
- ¼ kopp Vatten

INSTRUKTIONER:

a) Värm ugnen till 350ø. Skär baconskivorna på mitten och koka något. ÖVERKOKA INTE.

b) Bacon måste vara tillräckligt mjukt för att lätt rulla runt bollar. Kombinera fyllning, ostron och vatten.

c) Rulla till lagom stora bollar, ca 16 st.

d) Slå in bollar i bacon. Grädda i 350ø i 25 minuter. Servera varm.

77.Ostron och kaviar

INGREDIENSER:
- 2 pund sjögräs
- 18 ostron, på halva skalet
- 2 salladslökar
- 2 uns svart kaviar
- 2 citroner

INSTRUKTIONER:
a) Bred ut tång i en platt korg. Ordna kylda ostron i sina skal, på tången. Skiva salladslöken tunt i ringar.
b) Strö 2 eller 3 bitar på varje ostron. Toppa var och en med en klick kaviar. Servera mycket kall, tillsammans med färska, tunna skivade citronklyftor. Passera väl kyld Champagne.

78.Oyster Vårrullar

INGREDIENSER:

- 3 stora vårrullsomslag
- 6 vattenkastanjer, finhackade
- 1 skiva ingefära, finhackad
- 3 vårlökar, finhackade (inklusive gröna toppar)
- Några droppar sesamolja
- 1 tsk ljus sojasås
- 24 ostron, gled från sina skal
- Vegetabilisk olja

INSTRUKTIONER:

a) Skär varje vårrulle i fjärdedelar.

b) Kombinera de finhackade vattenkastanjerna, ingefäran och vårlöken i en mixerskål. Tillsätt några droppar sesamolja och den lätta sojasåsen. Blanda väl.

c) Vik försiktigt in ostronen och se till att de är väl belagda med kryddorna.

d) Fördela ostronblandningen jämnt mellan vårrullsrutorna.

e) Rulla försiktigt ihop varje vårrulle, vik in sidorna för att omsluta fyllningen. Borsta kanterna på omslagen med vatten för att försegla dem.

f) Värm rikligt med vegetabilisk olja för stekning i en djup panna eller gryta.

g) Stek vårrullarna i den heta oljan i 2-3 minuter eller tills de är gyllene och krispiga.

h) Ta bort vårrullarna från oljan och låt dem rinna av på skrynkligt hushållspapper för att få bort överflödig olja.

i) Servera ostronvårrullarna direkt.

j) Njut av dina läckra Oyster Spring Rullar!

79.Tempura friterade ostron

INGREDIENSER:

- 12 färska ostron
- Vegetabilisk olja, för stekning
- 1 kopp universalmjöl
- ½ kopp majsstärkelse
- ½ tsk salt
- 1 dl iskallt vatten
- Sojasås eller tartarsås, till servering
- Valfria pålägg: sesamfrön, salladslök eller citronklyftor

INSTRUKTIONER:

a) Börja med att ta bort ostronen och ta bort dem från skalet. Se till att kassera alla ostron som har öppnat sig eller som inte ser färska ut.

b) Skölj de skurna ostronen under kallt vatten och klappa dem torra med hushållspapper. Ställ dem åt sidan.

c) Värm vegetabilisk olja i en fritös eller stor gryta till cirka 350 ° F (175 ° C).

d) Kombinera allsidigt mjöl, majsstärkelse och salt i en blandningsskål. Tillsätt gradvis det iskalla vattnet, rör försiktigt, tills du får en jämn smet. Var noga med att inte övermixa; det är okej om det finns några klumpar.

e) Doppa varje ostron i smeten och se till att den är jämnt belagd. Låt eventuell överflödig smet droppa av innan du försiktigt lägger ostronet i den heta oljan.

f) Stek ostronen i omgångar, se till att inte överbelasta fritösen eller grytan. Koka dem i ca 2-3 minuter eller tills tempurasmeten blir gyllene och krispiga.

g) När ostronen är kokta, använd en hålslev eller tång för att ta bort dem från oljan och överför dem till en tallrik klädd med hushållspapper. Detta kommer att hjälpa till att absorbera eventuell överflödig olja.

h) Upprepa processen med resterande ostron tills alla är kokta.

i) Servera de tempurastekta ostronen varma som förrätt eller varmrätt.

j) Du kan njuta av dem som de är eller servera dem med soja eller tartarsås för doppning.

k) Strö sesamfrön eller salladslök ovanpå för extra smak och garnering. Citronklyftor kan också serveras vid sidan av för en citruskick.

80.Klassiska ostron Rockefeller

INGREDIENSER:

- 24 färska ostron, shucked
- 1/2 kopp smör
- 1/2 kopp ströbröd
- 1/2 kopp riven parmesanost
- 1/4 kopp hackad persilja
- 2 vitlöksklyftor, hackade
- 1 msk citronsaft
- Salta och peppra efter smak

INSTRUKTIONER:

a) Värm ugnen till 450°F (230°C).
b) Smält smör i en stekpanna och fräs vitlöken tills den doftar.
c) Tillsätt ströbröd, parmesan, persilja, citronsaft, salt och peppar i stekpannan. Blanda väl.
d) Placera shucked ostron på en plåt.
e) Toppa varje ostron med ströbrödsblandningen.
f) Grädda i 10-12 minuter eller tills toppingen är gyllenbrun.
g) Servera varm.

81.Oyster Skyttar

INGREDIENSER:

- 12 färska ostron, shucked
- 1 kopp tomatjuice
- 1/4 kopp vodka
- 1 msk varm sås
- 1 msk pepparrot
- Citronklyftor till garnering

INSTRUKTIONER:

a) Blanda tomatjuice, vodka, varm sås och pepparrot i en skål.

b) Lägg ett shucked ostron i ett snapsglas.

c) Häll tomatjuiceblandningen över ostronet.

d) Garnera med en citronklyfta.

e) Servera kyld.

82.Ostron- och baconlindade aptitretare

INGREDIENSER:
- 16 färska ostron, shucked
- 8 skivor bacon, halverade
- Tandpetare

INSTRUKTIONER:
a) Värm ugnen till 400°F (200°C).
b) Varva varje ostron med en halv skiva bacon och fäst med en tandpetare.
c) Lägg de baconlindade ostronen på en plåt.
d) Grädda i 12-15 minuter eller tills baconet är knaprigt.
e) Servera varm som ljuvliga baconlindade ostronaptitretare.

83.Kryddad Oyster Dip

INGREDIENSER:
- 1 kopp majonnäs
- 1/4 kopp varm sås
- 1 msk citronsaft
- 1 tsk Worcestershiresås
- 16 färska ostron, skurna och hackade
- 1/4 kopp salladslök, hackad
- Tortillachips eller kex till servering

INSTRUKTIONER:
a) I en skål, vispa ihop majonnäs, varm sås, citronsaft och Worcestershiresås.
b) Rör ner hackade ostron och salladslök.
c) Kyl i minst 30 minuter för att låta smakerna smälta.
d) Servera den kryddiga ostrondippen med tortillachips eller kex.

84.Ostron och gurka kanapéer

INGREDIENSER:

- 16 färska ostron, shucked
- 1 gurka, tunt skivad
- Färskost
- Dillkvistar till garnering
- Citronskal

INSTRUKTIONER:

a) Bred färskost på varje gurkskiva.
b) Lägg ett shucked ostron ovanpå färskosten.
c) Garnera med dillkvistar och ett strö citronskal.
d) Servera som uppfriskande kanapéer.

85.Oyster och Mango Salsa Tostadas

INGREDIENSER:
- 16 färska ostron, shucked
- 8 små tostada skal
- 1 dl mango, tärnad
- 1/2 dl rödlök, finhackad
- 1/4 kopp koriander, hackad
- Limeklyftor till garnering

INSTRUKTIONER:
a) Placera shucked ostron på varje tostada skal.
b) Blanda tärnad mango, rödlök och koriander i en skål.
c) Häll mangosalsan över ostronen.
d) Garnera med limeklyftor.
e) Servera som livfulla tostada-aptitretare.

86.Ostron och Pesto Crostini

INGREDIENSER:
- Baguetteskivor, rostade
- 16 färska ostron, shucked
- Pesto sås
- Körsbärstomater, halverade
- Balsamicoglasyr för duggregn

INSTRUKTIONER:
a) Bred ut ett lager pestosås på varje rostad baguetteskiva.
b) Lägg ett shucked ostron ovanpå peston.
c) Garnera med halverade körsbärstomater.
d) Ringla över balsamicoglasyr.
e) Servera som smakrik pesto crostini.

87.Oyster och Bacon Jalapeño Poppers

INGREDIENSER:
- 16 färska ostron, shucked
- 8 jalapeñopeppar, halverade och kärnade
- Färskost
- 8 skivor bacon, halverade
- Tandpetare

INSTRUKTIONER:
a) Värm ugnen till 375°F (190°C).
b) Fördela färskost inuti varje jalapeñohalva.
c) Lägg ett shucked ostron på färskosten.
d) Varva varje jalapeño med en halv skiva bacon och fäst med en tandpetare.
e) Grädda i 20-25 minuter eller tills baconet är knaprigt.
f) Servera varm som kryddig ostronjalapeño poppers.

88.Oyster och Mango Guacamole

INGREDIENSER:
- 16 färska ostron, skurna och tärnade
- 2 mogna avokado, mosade
- 1 mango, tärnad
- 1/4 kopp rödlök, finhackad
- 1/4 kopp koriander, hackad
- Limejuice
- Tortillachips till servering

INSTRUKTIONER:

a) I en skål, kombinera tärnade ostron, mosade avokado, tärnad mango, rödlök och koriander.

b) Pressa limesaft över blandningen och rör om väl.

c) Servera ostron och mangoguacamole med tortillachips.

89.Ostron och getost fyllda svampar

INGREDIENSER:
- 16 färska ostron, shucked
- 16 stora svampar, rensade och stjälkar borttagna
- 4 uns getost
- 2 msk ströbröd
- Färska timjanblad till garnering
- Olivolja att ringla över

INSTRUKTIONER:
a) Värm ugnen till 375°F (190°C).
b) Blanda getost och ströbröd i en skål.
c) Fyll varje svamp med getostblandningen.
d) Lägg ett shucked ostron ovanpå varje fylld svamp.
e) Ringla över olivolja.
f) Grädda i 15-20 minuter eller tills svampen är mjuk.
g) Garnera med färska timjanblad.
h) Servera varm.

MUSSLOR

90.Mussla dip

INGREDIENSER:
- ⅓ kopp Heinz tomatketchup
- 1 förpackning (8 oz) färskost; mjuknat
- 1 tsk färsk citronsaft
- ⅛ tesked vitlökspulver
- 1 burk (6,5 oz) malda musslor; dränerad

INSTRUKTIONER:
a) Blanda ketchup gradvis till färskost.
b) Tillsätt citronsaft, vitlökspulver och musslor. Täck och kyl.

91.Bakade fyllda musslor

INGREDIENSER:
- 1 burk Hackade musslor
- 1 stång smält margarin
- 4 matskedar musslabuljong
- Nypa vitlökssalt
- 3 koppar Ritz kex smulor
- 1 msk sherry
- ½ tsk Worcestershiresås

INSTRUKTIONER:
a) Dränera musslor, reservera 4 msk vätska. Blanda ihop alla ingredienser och fyll i skalen.
b) Grädda i 350 grader i 15 minuter. Om du inte har skal, baka i en liten ugnsform i 20 till 25 minuter och servera på kex.

92.Konserverade musselfritter

INGREDIENSER:

- 1 ägg; välslagen
- ½ tsk salt
- ⅛ tesked svartpeppar
- ⅔ kopp vitt vetemjöl
- 1 tsk Bakpulver
- ¼ kopp konserverad musselbuljong
- 1 matsked smör; smält
- 1 kopp Hackad konserverad musslor
- Olja eller klarnat smör
- ¼ kopp gräddfil eller yoghurt
- 1 tsk dill; dragon eller timjan

INSTRUKTIONER:

a) Blanda försiktigt alla ingredienser, tillsätt musslorna sist. Släpp 2 råga matskedar per fritta på en het smord stekpanna eller en järnpanna.

b) När bubblorna går sönder, vänd på frittorna.

c) Servera varm med en klick örtig gräddfil, yoghurt eller tartarsås.

93.Mussla bollar

INGREDIENSER:
- 3 6 1/2 oz burkar hackade musslor avrunna d
- 3 stjälkar selleri, finhackad
- 1 lök, finhackad
- Salta och peppra efter smak
- 6 hårdkokta ägg, tärnade
- ½ pund Fukta brödsmulor
- Olja för fritering

INSTRUKTIONER:
a) Tillsätt tillräckligt med vatten för att mussla juice för att göra 2 koppar. Placera 1½ koppar musseljuice, lök och selleri i en kastrull; låt sjuda tills sellerin är mjuk.
b) Tillsätt musslor, salt och peppar till selleri; sjuda i 10 minuter. Tillsätt ägg, återstående musseljuice och brödsmulor till lökblandningen.
c) När den är tillräckligt kall för att hantera, forma till små bollar; kyl tills väl kylt.
d) Hetta upp olja i fritös till 350 grader. Stek musselbollar tills de är gyllenbruna.
e) Låt rinna av på hushållspapper; servera genast med tandpetare.

MUSSMUSLOR

94.Vit pilgrimsmussla ceviche

INGREDIENSER:

- 1½ tsk Malen spiskummin
- 1 kopp färsk limejuice
- ½ kopp färsk apelsinjuice
- 2 pounds Bay kammusslor
- 1 varm röd chilipeppar; finhackat
- ¼ kopp rödlök; finhackat
- 3 mogna plommontomater; kärnade och hackade
- 1 röd paprika; kärnade och hackade
- 3 salladslökar; hackad
- 1 kopp hackad färsk koriander
- 1 lime; skivad, till garnering

INSTRUKTIONER:

a) Rör ner spiskumminen i lime- och apelsinjuicen och häll över pilgrimsmusslorna.

b) Rör ner hackad chilipeppar och rödlök. Täck över och ställ i kylen i minst 2 timmar.

c) Strax före servering, häll av pilgrimsmusslorna och blanda med de hackade tomaterna, paprikan, salladslöken och koriandern. Garnera med limeskivorna.

95.Bourbon-bacon pilgrimsmusslor

INGREDIENSER:

- 3 matskedar Hackad salladslök
- 2 matskedar Bourbon
- 2 matskedar lönnsirap
- 1 matsked sojasås med låg natriumhalt
- 1 msk dijonsenap
- ¼ tesked peppar
- 24 stora havsmusslor
- 6 skivor kalkonbacon; 4 uns
- Matlagningsspray
- 2 koppar kokt ris

INSTRUKTIONER:

a) Kombinera de första 6 ingredienserna i en skål; blanda väl. Tillsätt pilgrimsmusslor, rör försiktigt för att täcka. Täck över och marinera i kylen i 1 timme, rör om då och då.

b) Ta bort pilgrimsmusslorna från skålen, spara marinaden. Skär varje skiva bacon i 4 bitar. Linda baconbit runt varje pilgrimsmussla

c) Trä pilgrimsmusslor på 4 (12-tums) spett, lämna lite utrymme mellan pilgrimsmusslorna så att bacon kokar.

d) Placera spett på en broiler panna belagd med matlagning spray; stek 8 minuter eller tills baconet är knaprigt och pilgrimsmusslorna är klara, tråckla då och då med reserverad marinad

96.Karamelliserade havsmusslor

INGREDIENSER:

- 12 havsmusslor, halverade
- 2 uns portvin
- 1 uns kalvfond
- ½ kopp musselfond
- 1 uns smör, osaltat
- 2 tsk hackad tryffel
- 2 tsk tryffeljuice
- 1 msk hasselnötsolja
- 12 bitar babymorötter, glaserade
- 4 uns spenat, sauterad med smör

INSTRUKTIONER:

a) Flamma portvinet och tillsätt kalvfonden, musslfonden och låt koka upp och reducera med en tredjedel.

b) Montera med ett uns smör och tillsätt i sista stund tryffeljuicen och hackad tryffel. Fräs pilgrimsmusslorna i hasselnötsolja på hög värme tills de är gyllenbruna.

c) Lägg upp garneringen och pilgrimsmusslorna på tallrik och häll såsen på tallriken.

KRÄFTA

97.Kräftkoka i Cajun-stil

INGREDIENSER:
- Levande kräftor (så många som behövs)
- 5 liter vatten
- 1 kopp Cajun krydda
- 1 kopp salt
- 1 kopp hela svartpepparkorn
- 1 kopp vitlöksklyftor
- 6 citroner, halverade
- 1 kopp varm sås (anpassa efter smak)
- Majskolvar
- Röd potatis

INSTRUKTIONER:
a) Fyll en stor gryta med vatten och låt koka upp.
b) Tillsätt Cajun-krydda, salt, pepparkorn, vitlök, citroner och varm sås i det kokande vattnet.
c) Låt blandningen sjuda i 10-15 minuter så att smakerna smälter.
d) Tillsätt kräftor, majskolvar och röd potatis i grytan.
e) Koka i ca 5-7 minuter eller tills kräftorna blir klarröda och potatisen mjuk.
f) Häll av vattnet och fördela innehållet på ett stort bord täckt med tidningspapper.
g) Servera med ytterligare Cajun-krydda och citronklyftor.

98.Vitlökssmör Kräftor

INGREDIENSER:
- Levande kräftor
- 1/2 kopp smör
- 4 vitlöksklyftor, hackade
- 1 msk hackad färsk persilja
- Salta och peppra efter smak
- Citronklyftor till servering

INSTRUKTIONER:

a) Ånga eller koka kräftorna tills de är kokta. Knäck skalen och ta bort köttet.

b) Smält smör på medelvärme i en stekpanna och fräs finhackad vitlök tills den doftar.

c) Tillsätt kräftkött i stekpannan och blanda över med vitlökssmör.

d) Strö över hackad persilja, salt och peppar. Koka i ytterligare 2-3 minuter.

e) Servera med citronklyftor.

99.Kräftpasta

INGREDIENSER:

- Kokta kräftstjärtar, skalade
- 8 oz linguine eller fettuccine
- 2 matskedar olivolja
- 4 vitlöksklyftor, hackade
- 1/2 dl körsbärstomater, halverade
- 1/4 kopp vitt vin
- 1/4 kopp kyckling- eller grönsaksbuljong
- Rödpepparflingor (valfritt)
- Salt och svartpeppar efter smak
- Färsk persilja, hackad, till garnering

INSTRUKTIONER:

a) Koka pasta enligt anvisningarna på förpackningen.
b) Värm olivolja på medelvärme i en stor stekpanna. Tillsätt hackad vitlök och fräs tills det doftar.
c) Tillsätt kräftstjärtar och körsbärstomater i stekpannan. Koka i 2-3 minuter.
d) Häll i vitt vin och buljong, och låt det puttra i 5 minuter.
e) Krydda med rödpepparflingor (om du använder), salt och svartpeppar.
f) Släng ner den kokta pastan i stekpannan och täck den med kräftblandningen.
g) Garnera med färsk persilja och servera.

100.Kräft Etouffee

INGREDIENSER:
- 1 lb kräftstjärtar, skalade
- 1/2 kopp smör
- 1/2 kopp universalmjöl
- 1 lök, finhackad
- 1 paprika, hackad
- 2 stjälkar selleri, hackade
- 3 vitlöksklyftor, hackade
- 2 dl kyckling- eller grönsaksbuljong
- 1 burk (14 oz) tärnade tomater
- 1 msk Worcestershiresås
- 1 tsk Cajun-krydda
- Kokt vitt ris till servering

INSTRUKTIONER:
a) Smält smör på medelvärme i en stor stekpanna. Rör ner mjöl för att göra en roux och koka tills det blir gyllenbrunt.
b) Tillsätt hackad lök, paprika, selleri och vitlök i stekpannan. Koka tills grönsakerna är mjuka.
c) Tillsätt gradvis kyckling- eller grönsaksbuljong, rör hela tiden för att undvika klumpar.
d) Rör ner tärnade tomater, Worcestershiresås och Cajun-krydda. Sjud i 10-15 minuter.
e) Tillsätt kräftstjärtar och koka tills de är genomvärmda.
f) Servera etouffeen över kokt vitt ris.

SLUTSATS

När vi avslutar vår oceaniska resa genom " Den Kompletta Skalldjurs Kokboken ", hoppas vi att du har upplevt glädjen av att utforska skaldjurens mångfaldiga och ljuvliga värld. Varje recept på dessa sidor är en hyllning till de saltiga, söta och salta smakerna som definierar dessa undervattensskatter – ett bevis på de kulinariska möjligheter som skaldjur erbjuder.

Oavsett om du har njutit av enkelheten hos perfekt skurna ostron, omfamnat mångsidigheten hos grillade räkor eller ägnat dig åt dekadenta hummerrätter, litar vi på att dessa recept har tänt din passion för att skapa minnesvärda och aptitretande skaldjursrätter. Utöver ingredienserna och teknikerna kan " Den Kompletta Skalldjurs Kokboken " bli en inspirationskälla, en koppling till havens överflöd och ett firande av glädjen som kommer med varje skaldjursskapelse.

När du fortsätter att utforska skaldjursmatens värld, må den här kokboken vara din pålitliga följeslagare, som guidar dig genom en mängd olika recept som visar upp rikedomen och mångsidigheten hos dessa havsläckerheter. Här är det till att njuta av den saltiga fräschören, skapa kulinariska mästerverk och omfamna läckerheten som kommer med varje tugga. Glad matlagning!